中国社会科学院国情调研特大项目"精准扶贫精准脱贫百村调研"

精准扶贫精准脱贫百村调研丛书

CASE STUDIES OF TARGETED POVERTY REDUCTION AND
ALLEVIATION IN 100 VILLAGES

李培林／主编

精准扶贫精准脱贫
百村调研·安马村卷

传统山村脱贫及其基层治理

赵 燕 周兴君 赵 凡 等／著

社会科学文献出版社
SOCIAL SCIENCES ACADEMIC PRESS (CHINA)

中国社会科学院国情调研特大项目
"精准扶贫精准脱贫百村调研"
项目协调办公室

主　任：王子豪
成　员：檀学文　刁鹏飞　闫　珺　田　甜　曲海燕

总　序

　　调查研究是党的优良传统和作风。在党中央领导下，中国社会科学院一贯秉持理论联系实际的学风，并具有开展国情调研的深厚传统。1988年，中国社会科学院与全国社会科学界一起开展了百县市经济社会调查，并被列为"七五"和"八五"国家哲学社会科学重点课题，出版了《中国国情丛书——百县市经济社会调查》。1998年，国情调研视野从中观走向微观，由国家社科基金批准百村经济社会调查"九五"重点项目，出版了《中国国情丛书——百村经济社会调查》。2006年，中国社会科学院全面启动国情调研工作，先后组织实施了1000余项国情调研项目，与地方合作设立院级国情调研基地12个、所级国情调研基地59个。国情调研很好地践行了理论联系实际、实践是检验真理的唯一标准的马克思主义认识论和学风，为发挥中国社会科学院思想库和智囊团作用做出了重要贡献。

党的十八大以来，在全面建成小康社会目标指引下，中央提出了到2020年实现我国现行标准下农村贫困人口脱贫、贫困县全部"摘帽"、解决区域性整体贫困的脱贫攻坚目标。中国的减贫成就举世瞩目，如此宏大的脱贫目标世所罕见。到2020年实现全面精准脱贫是党的十九大提出的三大攻坚战之一，是重大的社会目标和政治任务，中国的贫困地区在此期间也将发生翻天覆地的变化，而变化的过程注定不会一帆风顺或云淡风轻。记录这个伟大的过程，总结解决这个世界性难题的经验，为完成这个攻坚战献计献策，是社会科学工作者应有的责任担当。

2016年，中国社会科学院根据中央做出的"打赢脱贫攻坚战"战略部署，决定设立"精准扶贫精准脱贫百村调研"国情调研特大项目，集中优势人力、物力，以精准扶贫为主题，集中两年时间，开展贫困村百村调研。"精准扶贫精准脱贫百村调研"是中国社会科学院国情调研重大工程，有统一的样本村选择标准和广泛的地域分布，有明确的调研目标和统一的调研进度安排。调研的104个样本村，西部、中部和东部地区的比例分别为57%、27%和16%，对民族地区、边境地区、片区、深度贫困地区都有专门的考虑，有望对全国贫困村有基本的代表性，对当前中国农村贫困状况和减贫、发展状况有一个横断面式的全景展示。

在以习近平同志为核心的党中央坚强领导下，党的十八大以来的中国特色社会主义实践引导中国进入中国特色社会主义新时代，我国经济社会格局正在发生深刻变化，脱贫攻坚行动顺利推进，每年实现贫困人口脱贫1000多万人，贫困人口从2012年的9899万人减少到2017年的3046万人，在较短时间内实现了贫困村面貌的巨大改观。中国社会科学院组建了一百支调研团队，动员了不少于500名科研人员的调研队伍，付出了不少于3000个工作日，用脚步、笔尖和镜头记录了百余个贫困村在近年来发生的巨大变化。

根据规划，每个贫困村子课题组不仅要为总课题组提供数据，还要撰写和出版村庄调研报告，这就是呈现在读者面前的"精准扶贫精准脱贫百村调研丛书"。为了达到了解国情的基本目的，总课题组拟定了调研提纲和问卷，要求各村调研都要执行基本的"规定动作"和因村而异的"自选动作"，了解和写出每个村的特色，写出脱贫路上的风采以及荆棘！对每部报告我们都组织了专家评审，由作者根据修改意见进行修改，直到达到出版要求。我们希望，这套丛书的出版能为脱贫攻坚大业写下浓重的一笔。

中共十九大的胜利召开，确立习近平新时代中国特色社会主义思想作为各项工作的指导思想，宣告中国特色社会主义进入新时代，中央做出了社会主要矛盾转化的重大判断。从现在起到 2020 年，既是全面建成小康社会的决胜期，也是迈向第二个百年奋斗目标的历史交会期。在此期间，国家强调坚决打好防范化解重大风险、精准脱贫、污染防治三大攻坚战。2018 年春节前夕，习近平总书记到深度贫困的四川凉山地区考察，就打好精准脱贫攻坚战提出八条要求，并通过脱贫攻坚三年行动计划加以推进。与此同时，为应对我国乡村发展不平衡不充分尤其突出的问题，国家适时启动了乡村振兴战略，要求到 2020 年乡村振兴取得重要进展，做好实施乡村振兴战略与打好精准脱贫攻坚战的有机衔接。通过调研，我们也发现，很多地方已经在实际工作中将脱贫攻坚与美丽乡村建设、城乡发展一体化结合在一起开展。可以预见，贫困地区的脱贫攻坚将不再只局限于贫困户脱贫，我们有充分的信心从贫困村发展看到乡村振兴的曙光和未来。

是为序！

李培林

全国人民代表大会社会建设委员会副主任委员

中国社会科学院副院长、学部委员

2018 年 10 月

前　言

作为大学工作人员及教师，非常有幸参与此次调研活动，本着深入实际了解实情的精神，参加此项调研的 5 位中国社会科学院大学老师：赵燕（教务与科研处）、周兴君（校办公室）、赵凡（博士、教务与科研处）、吕付华（博士后）、陈黎（外语教研室），于 2017 年先后两次走入安马村，入户调研，面对面进行访谈，努力搜集真实数据，记录村民及当地扶贫工作人员的生活与真实想法。本书是此次调研的成果，努力呈现当地扶贫及生活的现状，并针对发现的问题提出了相应的对策建议，希望对精准扶贫工作有所助力。

从调研的数据统计来看，安马村贫困户不是独居老人，就是上有老下有小没有人外出打工的家庭。从受访的 38 家贫困户的户主的年龄来看，平均为 50 岁左右，无子女或子女的平均年龄较小，没有成年或在就学，虽然只有两位是在读大学（大专），其余家庭几乎没有能够读大学的，其实读高中的也很少，全村仅有几位而已。村内初中毕业生也不多，自称初中毕业的人大多实际未能达到初中毕业水平。安马村的村民在文化资本、社会资本等方面有差别，但在受教育方面没有绝对的差异，主要表现在受教育年限水平等方面的一致性。其自然资源禀赋没有很大的差距，但社会资源、人力资本等方面存在差异。

社会资源或称社会资本，指的是个体或团体之间的关联－社会网络、互惠性规范和由此产生的信任，是真实或虚拟资源的总和。社会资本涉及人与人之间、人与社会之间的关联性及信任度等指标。通过在村里的调研走访，我们感到村民对外人的信任度较低，如问到对村里扶贫政策的实施是否满意时，能够感觉到他们不会特别实诚地告知，这也是大家都能够理解的，即他们要在村里生活下去，他们顾虑到陪同村干部的想法。尤其是非贫困户中的一些村民，在访谈中能够感知到他们对没有列入贫困户很是不满，认为自己家和那些贫困户没有多大的区别，如一户人家唯一的孩子是个儿子，在广东服役当兵，家中只有他和老伴，虽已年过半百，但身体尚健康，没有什么大病，因而没有划为建档贫困户。他在访谈中就反复强调自己和老伴最近常常不舒服，看医生吃药什么的，钱没少花，地里的活儿都耽误了，要他们外出打工做重体力劳动更不现实，只靠种地养活自己，却不在贫困户的范围，因而非常想不明白。

对住村帮扶干部的信任也是有限，虽然他们比我们来得早，在村的时间也多很多，但村民们的信任没有高很多。尤其是对女性干部，他们有偏见，称呼为"外来那个女的"（据 2016~2017 年驻村扶贫第一书记的亲历），连姓名都懒得记忆，更不要说提及。

村中妇女的地位也不高，男主外、女主内的传统格局很明显。男耕女织依然存在，但现在村民织布的不多了，主要是染布，妇女们穿传统的蓝色布衣，主要是靠村民们自己染色、刺绣，外面买的比较少（没有符合她们要求的）。早婚早育现象也存在，我们调研中接触到的最年轻的奶奶是 39 岁。但女性下田也是普遍存在的，特别是在农忙时节，还有就是采茶季节；女性外出打工也是有的，一般是跟随丈夫一起，主要在县内及柳州市。

传统的影响可以说是根深蒂固，一是当代的乡村，特别是像安马村这样的偏僻山村，依然是以家族血缘为纽带结合在一起的，家族在乡村结构中占据基础性地位，从而构成血缘社会；二是村民的文化水平不高，思想意识受家族传统的影响较大，接受外来新鲜的思想比较有限。从其家谱的记载及老人们的述说来看，仍是传统儒家思想为主。例如，在安马村，重男轻女的思想也是同样存在的，虽然他们不是汉族，而是苗族、侗族、瑶族，但若家庭如没有男孩就会继续生，直到有男孩为止；在安马村调研时遇到一位这样的丈夫，第一胎为女孩，且妻子因此次生育而留下遗患，经常因病不能下地。丈夫的考虑也不是没有道理，在如此传统及偏僻的大山里居住，没有男性的家庭确实有困难，但在现代社会也不是不能生存，主要是传统观念仍然有势力，其变化的内生性因素不够强大。

虽然现代社会生活与过去相比已有较大的改变，但在乡村特别是偏僻的山乡，费孝通先生所谓"长老统治"，即所称作的"教化性权力"，实际上是依然存在的。在重土难迁的传统社会，每个家庭若靠土地就可以自食其力地生活，"并不显著地需要一个经常的和广被的团体。因之他们的社会采取了'差序格局'。"在安马村没有合作社等专业或社团组织，集体经济更是一片空白，村中的小卖部和木材加工厂都是个体的或家族的。在乡村的现代化治理之中，不能不考虑到传统的作用。因此，现代社会治理不能仅靠政府、法律等，对过往的经验、传统和习惯，必须有所了解，才能有针对性地制定相应的扶贫计划或叫系统扶贫工程，才能完成精准扶贫的工作，真正实现小康路上不遗漏一村一户的理想。

目　录

第一章

调研基本情况

第一节　调研的主题、内容及意义

一　调研的主题

（一）基本概况

　　我国现代化及小康社会建设中的重要一环是贫困问题的解决，我国目前有 13 亿多人口，是世界上人口最多的国家，也曾是绝对贫困人口最多的国家。按照世界银行的统计数据，按人均每日消费支出不足 1.25 美元的国际贫困线计算，1981 年中国约有 8.35 亿贫困人口，贫困发生率为84.0%，占世界绝对贫困人口总数的43.6%。从1986年开始，我国对消除贫困，特别是消除农村贫困提出了专项目标，开始以县为单位进行扶贫攻坚，首先确定了592个贫困县，从中央到地方设立了专门的扶贫机构，扶贫工作从人员到资金都有了保障，其成效亦非常显著；到2001年，我国提出"扶贫要到村到户"，采取贫困村瞄准机制，全国共确定了14.8万个贫困村，覆盖83%的贫困人口。我国的扶贫工作取得了很大成效，到2010年，我国贫困人员、贫困发生率、占世界绝对贫困人口的比重分别降至1.57亿人、11.8%和12.9%，分别比1981年减少了6.78亿人、72.2个百分点和30.7个百分点；全世界绝对贫困人口从1981年的19.13亿人下降至2010年的12.15亿人，减少了6.98亿人，中国贫困人口减少量占世界绝对贫困人口总减少量的97.1%。[①] 但同时我国的扶贫工作的难度也不断提升，在实施了"整村推进"的贫困村中，扶贫项目对贫困群体的覆盖率只有16%，而对中等户与富裕户的覆盖率分别为51%和33%，使我国扶贫资金出现瞄准偏离问题。因此，有研究者认为，在开发扶贫和农村低保

精准扶贫精准脱贫百村调研·安马村卷

[①] 胡鞍钢：《中国现代化之路（1949—2014）》，《新疆师范大学学报（哲学社会科学版）》2015年第2期。

两项政策同时实施的情况下，农村贫困人口仍然不能大幅度减少，其重要原因便是贫困人口数据的偏差和瞄准对象的失误。不论贫困县还是贫困村的瞄准都属于区域性的瞄准，贫困县和贫困村中 4/5 的人口往往都不属于贫困人口，即便瞄准到村，仍然不能保证扶贫资源准确到户。为了提高扶贫瞄准精度，改善扶贫效果，2005 年国家开始对贫困农户进行"建档立卡"，实行农户瞄准机制。2013 年，习近平总书记在湖南湘西考察时提出了"精准扶贫"，2014 年，我国正式确立"精准扶贫"工作机制，再次强调"建档立卡"工作，要求做到对贫困农户的精准识别、帮扶、管理和考核等。至此，我国已经建立起了贫困县、贫困村和贫困户的三级扶贫瞄准机制。[①] 而我们调研的广西壮族自治区三江侗族自治县洋溪乡安马村到 2015 年底才完成建档立卡工作，可以看到三江侗族自治县（以下简称"三江县"）作为国家级贫困县的扶贫工作的艰巨性。

习近平总书记在 2013 年 11 月考察湘西时首次明确提出了精准扶贫概念，指出"扶贫要实事求是，因地制宜。要精准扶贫，切忌喊口号，也不要定好高骛远的目

[①] 唐丽霞、罗江月、李小云：《精准扶贫机制实施的政策和实践困境》，《贵州社会科学》2015 年第 5 期。

标"。①2015 年 1 月，习近平总书记在云南考察时，再一次指出"要以更加明确的目标、更加有力的举措、更加有效的行动，深入实施精准扶贫、精准脱贫，项目安排和资金使用都要提高精准度，扶到点上、根上，让贫困群众真正得到实惠"②。精准扶贫的理念正式形成。2014 年 1 月，根据习近平总书记等中央领导同志关于扶贫开发工作的一系列讲话精神与重要指示，中办、国办印发了《关于创新机制扎实推进农村扶贫开发工作的意见》（中办发〔2013〕25 号），明确提出建立精准扶贫工作机制，并将建立精准扶贫工作机制作为六项扶贫机制创新之一③。国务院扶贫办随后制定了《建立精准扶贫工作机制实施方案》，在全国推行精准扶贫工作。之后，在中央政府的大力推动和地方政府的努力推进下，精准扶贫工作取得了显著的成效。从我们的调研来看，安马村的变化也是巨大的，实现了公路入村、自来水入户（大部分）、旱厕变抽水马桶（部分家庭）等，后面会详加叙述。

---

① 《习近平赴湘西调研扶贫攻坚》，新华网，2013 年 11 月 3 日。
② 《习近平在云南考察工作时强调：坚决打好扶贫开发攻坚战》，中国政府网，2015 年 1 月 21 日。
③ 《中共中央办公厅〈关于创新机制扎实推进农村扶贫开发工作的意见〉》，新华网，2014 年 1 月 25 日。

（二）精准扶贫的含义

"精准扶贫"是相对于粗放扶贫而言的，是指要区别不同区域、不同农户的贫困状况，做到精准识别、精准帮扶、精准管理的有效治贫方式。习近平总书记在部分省区市扶贫攻坚与"十三五"时期经济社会发展座谈会上，多次强调"六个精准"要求：扶贫对象精准、项目安排精准、资金使用精准、措施到户精准、因村派人精准、脱贫成效精准，这使精准扶贫的含义有了更深更具体的解释。

精准扶贫是我国扶贫政策的最新体现，为进一步了解基层扶贫的现状和存在的问题，为党和政府下一步的扶贫决策提供资料与依据，中国社会科学院特组织了精准扶贫百村调研，深入全国各地贫困县贫困村入户进行调查，深入细致地了解贫困的人口、贫困的状况、致贫的原因，以期找到脱贫致富的道路方向，完成在《中国农村扶贫开发纲要（2011-2020年）》中提出的脱贫目标。广西三江侗族自治县安马村的精准扶贫状况到底如何，是我们此次调研的主题。

二 调研的主要内容

课题组主要了解了广西三江县及其所属洋溪乡安马村的自然环境与生态、民族组成及民俗、文化教育的发展，特别是了解该村村民的生活现状、相关脱贫扶贫政策及项目的实施情况等，完成该行政村内情况统计表相关内容的调查，完成了 68 户村民家庭情况表的内容调查，包括贫困户 38 户、非贫困户 30 户。在调研中，课题组成员既与当地县、乡、村扶贫工作人员进行了广泛接触与深入座谈，又入户观察、访谈了选取的贫困户与非贫困户家庭。通过调研，课题组了解到，安马村从 2015 年逐步开展的精准扶贫工作，取得了一系列成绩。比如，村里基础设施建设有很大提升，饮水、道路等问题基本得到解决，几乎家家通路通水。2016 年全村认定贫困户 191 户 865 人，2017 年脱贫 30 户计 165 人。又如，村民们对国家的扶贫政策比较满意，被访问的村民 90% 以上认为国家扶贫政策是好的。

因 2017 年恰好是该乡和村民委员会换届选举之年，根据调查时的具体情况，课题组顺便对该村的党支部和村委会选举情况进行了了解，并就村民对民主选举的看法和参与程度等进行了问卷调查，具体调查分析见附录。

三 调研的意义

（一）实践意义

我国自改革开放以来，经济发展迅速，2016 年，我国 GDP 在世界的排位已是第二，超过日本，仅次于美国。马克思、恩格斯在《德意志意识形态》中指出："我们首先应当确定一切人类生存的第一个前提，也就是一切历史的第一个前提，这个前提是：人们为了能够'创造历史'，必须能够生活。但是为了生活，首先就需要吃喝住穿以及其他一些东西。"当然，国内生产总值反映的只是我国经济发展方面的情况，近 40 年来，我国在建设社会主义现代化的道路上奋起直追，不仅要在经济发展方面，而且要在民主法制、教育文化、生态环境、和谐社会建设等各个方面，全面进行现代化，这样才能实现中华民族复兴、中国强盛的梦想。在我国快速发展的同时，我们也应看到我国地广人多，各种资源较为困乏，特别是在"老少边穷"地区，即革命老区、少数民族地区、边疆地区、其他贫穷地区，因自然条件、生态环境等的限制，这些地区的发展比较缓慢，或有些就不适宜人类的发展需求，如何平衡不同条件下各地区的发展需求，需要深入了解各地区的不同情况，因此，在我国进入小康时代的关键时刻，开展"精准扶贫百村调研"是非常必要的，也是有重要实际意义的。

推动社会主义现代化建设的制度保障。实现全面建成小康社会和中国社会主义现代化是我们党面临的两大紧迫任务。关注民生、重视民生、保障民生、进行民生改革，始终是习近平总书记加强以改善民生为重点的社会建设的重要工作之一，是连接人民与中国特色社会主义理论体系的桥梁和纽带，也是实现和推动中国社会主义现代化建设的内在动力和实践体现。

促进社会更加和谐，让改革开放的更多成果惠及全体人民，社会和谐是衡量社会建设的重要尺度。习近平总书记立足于城乡收入、医疗、养老等差距大、社会公平正义得不到有效伸展的立场，采取建立新型农村养老保险、全面实现免费义务教育、政府扶持大学生创业、切实帮扶有困难群众等一系列贴近群众、贴近生活、贴近实际的有效措施，加大缩小城乡差距的力度，推动社会公平正义的实现，促进社会和谐。

"民生问题历来关乎社会的发展与稳定，民生问题得到重视和改善的程度是衡量社会和谐的重要指标。"[①] 所以，只有切实解决人民群众最关心、最直接、最现实的民生问题，才能广泛地调动中国十几亿人民大众一心一意搞建设，中国社会主义现代化建设才能得到切实保障和推进，中国实现全面建成小康社会的理想才能如期完成。

（二）理论及文化意义

我国建设现代化的宏伟目标在党的九大上由周恩来总理代表党中央提出，由此向"四个现代化"前进的号角正式吹响，党的工作重心转移到经济建设上来。党的十一届三中全会以来，我国以经济建设为工作中心，实施改革开放政策，现代化建设事业走上正轨。我国改革开放的总设计师、老一辈革命家邓小平同志首先提出了"小康社会"的构想，他借用我国传统的社会理想"大同"与"小康"，来描述我国社会主义现代化发展的不同阶段。按照他最初构想的"小康生活"是"虽不富裕，但日子好过"，那时我国人均国内生产总值与发达国家相比还非常低。随着我国经济发展的不断加快，国

---

① 孙学玉等：《当代中国民生问题研究》，人民出版社，2010。

内生产总值增长率连续多年保持在 7% 以上。小康社会的目标也越来越清晰和明确。建设经济、政治和文化"三位一体"协调发展、具有中国社会主义特色的和谐社会，成为我国民族复兴的最终方向。党的十六大报告提出，在 21 世纪的前 20 年内，实现全面建成小康社会的目标，即"中国特色社会主义经济、政治、文化全面发展"的目标，党的十七大进一步明确了小康社会的内涵："努力实现经济又好又快发展；扩大社会主义民主，更好保障人民权益和社会公平正义；加强文化建设，明显提高全民族文明素质；加快发展社会事业，全面改善人民生活；建设生态文明，基本形成节约资源能源和保护生态环境的产业结构、增长方式、消费模式。"党的十八大将经济、政治、文化"三位一体"的发展目标，升高为"经济建设、政治建设、文化建设、社会建设、生态文明建设""五位一体"，更是进一步摆脱 GDP 简单经济目标的追求，强调社会全面发展及人民幸福指数提高的重要性。到 21 世纪，我国如期跨入"总体小康"。虽然我国在经济发展上有了较大的进展，取得了不俗的成绩，但在文化、政治及生态文明建设等方面还存在不小的差距。

中央及国务院办公厅在 2017 年 1 月印发的《关

于实施中华优秀传统文化传承发展工程的意见》指出，"文化是民族的血脉，是人民的精神家园。文化自信是更基本、更深层、更持久的力量。中华文化独一无二的理念、智慧、气度、神韵，增添了中国人民和中华民族内心深处的自信和自豪"。少数民族文化是中华文化的重要组成部分，因此，少数民族文化的传承是我国文化传承发展工程不可缺少的一部分。

传承和谐文化是建设和谐社会和实现社会主义现代化目标的价值导向及智力基础。和谐文化源于在继承和发展中国传统文化精髓的基础上，积极吸取国外优秀文化成分。只有牢牢把握住社会主义先进文化方向，发掘民族和谐文化精神，借鉴国外有益文明成果，才能在全社会全体人民中倡导和谐理念，形成"以实现人的全面发展为目标，从人民群众的根本利益出发谋发展、促发展，不断满足人民群众日益增长的物质文化需要，切实保障人民群众的经济、政治、文化权益，让发展成果惠及全体人民"[①]的理想信念，进一步打牢建设社会主义现代化的思想道德基础。

---

① 中共中央文献研究室：《十六大以来重要文献选编（上）》，中央文献出版社，2006。

第二节　调研方法

一　随机抽样

调研地区处在少数民族聚集地区，调研对象均为少数民族，因外出打工、务农、语言障碍、调研时间短等多方面因素，调研对象抽样的随机性较大，往往并不能提前确定调研对象，而是在实地访谈时，在家的优先访谈，尽可能地考虑到贫困户与非贫困户的平衡，尽可能地覆盖村所辖全部屯组，尽可能地覆盖村内各个民族。

二　入户询问，填写问卷

因山村平地少，村民住的房屋常常是顺着山坡排列，高高低低，不是很规整，我们到每个访问对象家中，入户的路有些也很陡峭，一般都有台阶相连，有时家里没有人，只好换一家，或者等待，特别是第二次回访时，受访户无人只能等待。课题组主要利用中午、晚上的时间，口问笔记，完成了 60 多份问卷。

第三节 调研过程

一 调研村庄的选定

选择广西三江县洋溪乡安马村是源于中国社会科学院研究生院在柳州新区的国情调研基地，对柳州地区所属的贫困县有所耳闻。通过柳州市科协郑晓鸿主席，我们联系到三江县科协的姚主席，他向我们推荐了洋溪乡安马村，我们与安马村村支书欧善良联系后，他愿意我们去调研，并提供了村庄的简单情况介绍，课题组成员认为此村多民族聚居，有侗、苗、瑶三个少数民族，属于山区的普通村庄，在三江县有一定的代表性，因此最终确定安马村作为调研对象。我们通过欧善良支书了解了村里的基本情况，并据此制订了调研计划上报，最终得到了科研局的同意。2017 年 3 月中旬，课题组召开了有关调研大纲的研讨会，对调研的行程和内容进行了进一步的梳理。

二 调研的具体过程

课题组原计划 2017 年 3 月底 4 月初过去，但因清明节及广西"三月三"节日放假等，三江县及村里都较忙无法接待，我们延期到 4 月 9 日才出发，且最终成行的只有 3 人，另两位成员因各种原因只参加了第二次调研，第一次调研行期 4 天。

图 1-1　路途中 321 国道路旁有塌方，泥泞难行

（赵燕拍摄，2017 年 8 月）

说明：本书所有照片除特殊注明外，均为赵燕拍摄。

（一）第一次调研

我们首先到三江县城，与县科协的姚荣文同志联系，在他的安排下，在 4 月 10 日 8：30 由县城出发，经近 2 小时车程，直接来到安马村，与安马村党支部欧善良支书、村主任等村干部及住村第一书记和扶贫干部们见面。

我们在村委会会议室开会，县科协主席姚荣文主持会议，首先由县科协前主席龙主席介绍，我们三人正式和村支部和村委会成员相识。在简单说明了此次调研的任务和目的后，村支书介绍了村里的大致情况。我们进行了抽签，一共60户，30户贫困户、30户非贫困户。随后课题组开始了入户调研。我们三个人分成三组（每组有一名村干部随同），一组留在村委附近，访问附近两个侗族自然村——寨全、边四屯；一组去往安马、奴图（苗族）自然村方向；最后一组前往较远的井板（瑶族）、岑夜（苗族）两个自然村。

　　安马村方圆几十里，从村委会到安马屯开车要10分钟左右，且是盘山路，虽不是很险峻，但走路至少要1个小时以上才能到达。在此要感谢洋溪乡政府，特别是要感谢龙副乡长，他负责每天早上把我们送到村里，晚上把我们送回乡上，每次走在盘山公路上，我们都有些提心吊胆，从乡上到村里的路已经比较险峻，而从村部到屯里的路更险峻，有些地方的坡度超过45度。

　　（二）第二次进村入户

　　第二次调研定在2017年8月中旬，此次行程与第一次行程大致相当，一行四人，行期四天。在第二次进村调研时，由于第一次访谈对象不在家，或者贫困户与非贫困户不均等情况，因此，课题组额外访谈了部分村民，主要是非贫困户村民，一并搜集了两次访谈所需的数据。

图1-2　身着民族服装的安马村村民
（2017年8月）

三　入户调研

按照中国社会科学院"精准扶贫精准脱贫百村调研"项目的要求，我们分别承包不同方向的屯子，每个人由村干部陪同入户进行调查，特别是第一次入户访问时，时常需要陪同的村干部进行翻译及解释，一是受访

图1-3 课题组成员入户调研（右为调研对象，在其家中客厅）
（周兴君拍摄，2017年4月）

者均为少数民族，且一般只有小学文化水平；二是能够
在家的多是上了些年纪的人，他们普通话的水平不高，
一般对政策的了解不多，理解不深。年轻一些的人都出
去打工了。入户调研的题目较多，还要计算收入、花费
的医药费、报销的医药费等，特别是第一次入户调研
时，还要问家庭成员及其生日等，家庭成员多的，要花
费一个多小时。课题组三个人，在短短的三天时间里，
访问60个家庭，每人20户，因此，每天工作到晚上
九十点钟，回到住处还要整理问卷，一般都要工作到12
点左右才能去睡觉。第二天一早又要起来，九点以前会
进村开始新的入户访问工作。村干部们很实诚，我们说

入户调研，他们带我们到村民家中，若村民此时在小卖部聊天，他们就把村民叫回家中接受访问，这样倒也方便村民拿出户口本、身份证来，核对年龄等基本信息。

需要说明的是，①因为语言问题，课题组找了翻译（一般是陪同的村干部，有时是家中的年轻人），部分翻译可能会存在词不达意、翻译不精确等情形；②被调研对象文化程度普遍较低，对于部分问题的理解可能存在误区，尽管进行了说明与解释，但仍存在不能完全理解访谈问题的情况；③部分村民对于收入与支出有所隐瞒或夸张，特别是一些贫困户，生怕丢掉贫困户的指标，即使是非贫困户也不愿说自己的真实收入情况，他们希望以后能被认定为贫困户，一般的村民认为自己家与已认定的贫困户没有多大的区别。

第二章

三江县扶贫及经济社会情况

三江侗族自治县隶属于广西壮族自治区柳州市。县制始建于宋朝，崇宁四年于融水县三口寨置怀远军，后改为平州置怀远县，行政中心设在现丹洲镇。后几经兴废，自明洪武十三年（1380）复县直至民国2年（1913）均称怀远县，民国3年（1914）易名为三江县。1949年11月18日，三江县解放，12月18日，三江县成立县人民政府。1952年12月3日，三江县成立县级侗族自治区，1955年9月改为侗族自治县。现全县为国家级贫困县。

从县制的建立到侗族自治县，三江因位于广西、贵州、湖南三省交界之处，地理位置偏远，地处崇山

第二章 ｜ 三江县扶贫及经济社会情况 一

峻岭，境内大河就有三条之多。少数民族人数众多，我们所调研的安马村全部是少数民族，分别是侗族、苗族和瑶族。简介县制的情况，应是我们了解这一类村庄情况的前提。

第一节　三江县扶贫政策及项目实施情况

一　扶贫政策

自新中国成立后，政府贯彻生产自救方针，采取发放救济款资助生产和"以工代赈"等措施，取得了显著成效，对改变农村面貌、保障贫困户生活起到了一定的作用。1978年以后，当地政府适应农村经济体制改革的形势，有组织、有计划地扶持贫困户从发展生产和商品经济入手，依靠国家、集体力量，采取干部分工负责、富裕户扶助贫困户、逐户落实等办法，帮助贫困户发挥自身潜能，达到摆脱贫困的目的。自1983年起，国家在继续扶持贫困户发展生产的同时，投入更大力量对贫困地区实行经济开发。在政府的领导和帮助下，各有关部门、机关、团体积极配合支持，帮助贫困地区发挥当地优势，挖掘资源潜力，开辟生产门路，实行多种经营，增强自我发展能力，从根本上摆脱贫困，逐步走上致富道路。这是社会主义初级阶段的一项重要战略措施。

三江县始终把解决贫困问题作为最大的政治任务、最大的民生工程，按照三江县十三届十次全体（扩大）会议上提出的"打赢脱贫攻坚战，实现三江新跨越"总体思路，三江县出台了《三江县 2016 年精准脱贫推进年活动方案》《三江县扶贫开发领导小组综合协调专责小组脱贫攻坚工作方案》。一是成立了精准扶贫工作领导小组和七个专责小组，15 个乡镇均建立了扶贫工作站，制订了工作规划和年度计划，细化目标任务，确保责任落实到人；全面实施挂图作战，逐步构建项目联建、资金联筹、部门联动的"大扶贫"格局。二是建立干部包户联系帮扶制度，制定《三江县关于开展帮扶贫困户联系贫困生活动的通知》（以下简称"一帮一联"方案）。按照"10、8、7、6、5、3"方式〔即县处级以上领导（含副处级职级干部）结对帮扶 10 户；正科级领导（含正科级职级干部、国企的正职领导）、"美丽广西"（扶贫）工作队、贫困村党组织第一书记结对帮扶 8 户；副科级领导（含副科级职级干部、国企的副职领导）结对帮扶 7 户；科员干部（含参公科员、机关工勤人员）结对帮扶 6 户；事业编干部职工（不含教师、医务人员）结对帮扶 5 户；村干（定工和半定工）、私营龙头企业法人代表结对帮扶 3 户］，开展定点帮扶。实施每个贫困村有一个后盾联系单位，每个贫困户有帮扶责任人，每个贫困生有帮扶联系人的"一帮一联"工作方案，选派了 86 名贫困村驻村党组织"第一书记"、342 名扶贫工作队员，做到精准帮扶全覆盖。三是充分发挥考核的指挥棒作用，将脱贫摘帽作为领导班子、领导干部评先评优、提拔使用和绩效考评的重要依据，引导干部自觉把工作重心转到脱贫攻坚工作上来。四是利用新媒体等多渠道加大宣传力度，广泛利用广播电视（三江县电视台"第一书记专栏"）、微信公众平台（"风情三江"乡镇及部门风采专栏）、宣传板报、横幅标语、报刊《广西日报》《柳州日报》《光明日报》等多种手段，加设县第一书记办公电话咨询热线，扩大精准扶贫工作知晓度及群众参与度。

《三江县人民政府关于印发〈三江县"十三五"产业开发奖补实施方案（暂行）〉通知》（三政发

〔2016〕17号）文件精神对全县范围内精准扶贫对象的扶贫产业奖补政策已通过2016年一年的具体实施，根据全县脱贫攻坚工作的实际需要对此文件进行调整，新的产业奖补方案正在审批中，以进一步落实国务院印发的《"十三五"脱贫攻坚规划》文件要求。

二　主要扶贫项目及实施效果

三江县主要从以下几个方面开展扶贫工作。

一是全力推进基础设施建设。2016年全县脱贫攻坚项目进展情况如下。实施村（屯）级道路硬化项目104个，投入资金21503.51万元。实施人畜饮水工程项目41个，投入资金891.61万元。推进电力保障工程。新建及改造10kV线路34.78公里，新建及改造台区157个，新增及更换配电变压器157台，容量22010kVA，低压线路786.90公里，改造一户一表21028户。实施宽带网络工程项目12个，投入资金150.39万元，现已全部竣工并投入使用。实施公共服务设施建设工程项目302个，投入资金9215.54万元。2016年12个预脱贫困村项目落实情况：村屯道路硬化21个项目共投入资金3593.8万元，已竣工3个项目，其余项目正在施工中；12个贫困村饮水工程全面完成；贫困村宽带网络工程12个项目现已全部竣工并投入使用；12个贫困村建档立卡现存危房180户，现已全部开工，进行维修及改建。贫困村公共服务设施建设工程：2016年实施79个项目，投入资金385.74万元。

二是大力发展生态农业脱贫攻坚。制定《三江县2016年扶贫专项切块资金扶持产业实施方案》。持续推进以"两茶一竹，种稻养鱼"为主的特色生态农业转型升级。积极鼓励和带动贫困户种植茶叶，让每户贫困家庭有1亩以上的茶园，实现年增收6000元以上。突出把油茶低改当成今后5年贫困村脱贫的重要抓手，制定出台《三江县油茶低产改造精准扶贫工作规划意见》，引进广西中食天照山茶油科技有限公司，加大油茶低改力度，对实施油茶低改的贫困户每亩补助800元；大力实施种稻养鱼"3721"工程（即用3年时间，在全县推广标准化种稻养鱼7万亩，打造三江高山稻鱼和高山鱼稻2个绿色生态品牌，实现贫困农民年人均增收1000元以上）。茶叶、油茶、种稻养鱼三个特色优势产业覆盖贫困户比例达83.77%。截至目前，全县新种植茶叶2160亩；油茶新种植和低改 2660 亩；种稻养鱼 850 亩。2016 年 12 个预脱贫困村产业扶贫落实情况：2016 年整合资金 2522 万元投入扶贫产业发展。根据三江县三政办发〔2016〕31 号文件，共有 12 个种植、养殖项目符合奖补条件。通过宣传发动，截至目前，12 个预脱贫困村已有 612 户贫困户申请种植、养殖项目验收，项目主要有：种植茶叶、罗汉果、钩藤、吊瓜、葡萄等，养殖黄牛、肉猪、竹鼠，林下养禽，种稻养鱼等。12 个预脱贫困村已验收种植项目，目前奖补资金已发放到各乡镇。

三是抓好劳务输出及创业扶持，提高工资性收入。"输出一人，脱贫一户"，劳务输出是实现脱贫成效最快的途径。为做好三江县十多万外出务工人员的服务工作，第一，开展劳动力动态登记，加大用工信息发布力度，派专人到外地联系企业。第二，举办企业现场招聘会，为社会搭建就业平台，全年共实现农村劳动力转移就业 2.5 万余人以上；同时，加强农民工技能、创业培训，全年全县各级各部门累计完成培训 1.5 万人次。第三，抓好农民工创业担保贷款放贷工作，截至目前，全县完成 19 个创业培训班；发放农民工创业贷款 600 万元，走在全市的前列。第四，依托驻村"第一书记"、"村两委"人员、乡镇干部、帮扶责任人抓好外出务工家庭留守人员的关怀照顾，解决他们的后顾之忧。第五，开展扶贫助残活动及阳光助残扶贫基地建设工作，通过党支部、党员致富能手的"帮、包、带、扶"的方式对劳动能力较强、有劳动致富愿望的贫困残疾人进行有针对性的帮扶，使他们掌握实用技术，发展产业，实现脱贫致富。

四是加大公共服务设施建设力度。第一，加大学校基础设施建设力度，截至目前，三江县建设校舍面积共计9840平方米；认真落实国家资助政策，对家庭经济困难的学前入园资助24.9万元，"两免一补"义务教育阶段学生营养改善计划1738.14万元，落实高中、中职免学费和助学金424.16万元，实施生源地信用助学贷款179.23万元。第二，提高新农合补偿和医疗救助水平，2016年全县167个行政村全面开展新农合村级门诊补偿工作，有效地缓解了群众看病难问题。继续实施大病保险补偿工作，对全县参合的大病患者进行二次补偿，并实行即时赔偿，有效减轻参合者经济负担。

其中，道路硬化、水电入户、田坎硬化、危房改造等方面是具体扶贫工作中的重中之重，三江县在这些方面取得了良好的成果。

（一）道路硬化

三江县扶贫办在开展精准扶贫工作中，把帮助贫困村硬化通屯道路、改善交通环境当作重中之重来抓。2016 年全年，三江县争取中央、广西壮族自治区和柳州市扶贫通屯道路 12 个项目，获总投资 378 万元。

为切实抓好 2016 年扶贫通屯道路建设工作，县扶贫办紧紧围绕交通扶贫攻坚主线，充分发挥各乡镇政府和贫困村群众建设通屯道路的积极性，上下联动，各负其责，加强指导监督，强化工程质量、进度以及资金等各方面保障，确保加快推进 2016 年全县扶贫通屯道路建设任务的顺利开展。截至 2016 年 12 月 4 日，三江县已完成扶贫通屯道路硬化全部工作。

（二）水电入户

脱贫攻坚，电力先行，随着三江县的不断发展，辖区内中心村、低压台区改造的不断推进，新区农村电力设施旧貌换新颜，群众生活质量一路提升。为了尽快解决类似和平村等低电压的用电困境，推进贫困地区脱贫致富，三江县加快实施农村电网改造升级，划分出 13 个低压台区和 4 个中心村，主动上门服务，设立"绿色通道"，有目标、有计划、有步骤地进行整改，从 2016 年起，掀起新一轮电网改造升级的新高潮。2017 年初，三江县依照改造计划，对和平镇进行电力改造，新增电杆 78 杆，新增变压器 2 个，实现了全面升级改造，完善原来 10 千伏晶桐线，新增 2 个 100 千伏安变压器（即芦猫塘 2 号公变和新移大坡脚 2 号公变），大大缩短了供电半径，不仅降低了损耗，也增强了电压。工作人员进行隐患点排查，更换绝缘线路，加高线路，增加安全距离，规范了路边电杆防撞标识，并加大力度进行树障清理，大大提高了供电可靠性。2017 年 6 月，新变压器和全新绝缘线开始投入使用，和平村、安马村等的供电情况已大大改善。

2017 年 6 月，三江县政府深入贫困户家中开展"水电入户"活动，切实缓解村民缺水缺电等导致的家庭陷入烦扰问题。扶贫单位直接准备好水表、电表、电线、插座等爱心捐赠物资后，联系供电局一同到贫困户家中，经过观察商量后，在贫困户家中合适位置装上水表、电表、插座等，为贫困户通水通电做好相应准备。趁此机会，三江县政府也联系了村干部到村民家中完善"一户一册一卡"资料，并将广西脱贫攻坚精准帮扶联系卡挂在家中显眼位置，方便联系、检查。三江县政府针对贫困户家中开展的"水电入户"活动，切实缓解了村民因缺水缺电生活不便等烦扰问题。

（三）田坎硬化

20 世纪 80 年代，三江县农村龙虾泛滥，钻田坎打洞，造成稻田严重渗漏。为蓄水插秧，农民用砖砌硬化田坎，解决了龙虾打洞的漏水难题。水保住后，农民又在田面挖沟打凼养鱼，实施"稻田养鱼"。

在精准扶贫工作方面，三江县政府把田坎硬化作为重点工作来抓。如自 2015 年 10 月底三江县林溪乡启动"稻田养鱼"工作以来，乡党委、政府把此项工作列为当前全乡工作的重中之重来抓紧、抓实，及时制定出台本乡"稻田养鱼"方案，完善细化奖补办法，明确挂点乡领导包村，挂点乡干部、驻村指导员包屯，村干部包干到户的责任制，克服年底时间紧、工作任务繁重的困难，全乡干部深入田间地头与群众一道，群策群力，冲刺 1500 亩"稻田养鱼"任务。

截至 2015 年 12 月 15 日，全乡共调运水泥、发放水泥 819 吨，开工建设的稻田面积 800 余亩，其中全面完成田坎硬化的稻田面积 480 亩。

自 2015 年冬季启动"水稻＋鱼"工作以来，斗江镇镇党委、政府把此项工作列为全镇农户脱贫增收的项目之一，及时制定出台本镇"水稻＋鱼"方案，由镇政府一名副职领导专抓，农业、水产部门全力配合做好技术指导，将工作抓紧、抓实。完善细化奖补办法，明确挂点联系村领导包村，其他镇干部职工、"第一书记"、驻村指导员包村包户的工作责任制，全镇干部职工深入田间地头与群众一道，全力冲刺 200 亩田坎硬化示范点和 1000 亩"水稻＋鱼"任务。至 2016 年底，该镇已调运发放水泥 180 吨、沙子 300 立方米，硬化田坎稻田面积 200 多亩，为贫困户脱贫增收夯实基础。

其他乡镇的"稻田养鱼"，田坎硬化工作也在进行中。

（四）危房改造

农村危房改造是自治区一项重大为民办实事项目，是重要的民生工程、惠民工程和德政工程，涉及千家万户危房改造农户的切身利益。2016 年三江县根据《广西壮族自治区人民政府办公厅关于印发 2016 年广西农村危房改造暨脱贫攻坚建档立卡贫困户危房改造实施方案的通知》（桂政办发〔2016〕102 号）精神，制定了《2016 年三江县农村危房改造暨脱贫攻坚建档立卡贫困户危房改造实施方案》。

三江县针对危房改造，科学编制村庄规划，统筹农村危房改造和基础设施配套，合理安排宅基地，按照房屋危险程度、轻重缓急，先易后难、有计划、分步骤地实施改造。各乡（镇）结合乡土特色建设，组织制定农房设计方案，引导危房改造农户根据经济条件分阶段建房；引导农民尽可能选用当地建筑材料，形成各具特色的建筑风貌。按照村庄规划，优先利用原宅基地、闲置宅基地和村内空闲地，引导群众适当集中建房，尽可能节约用地，按照既经济、实用、安全、节能、卫生，又美观大方的要求建设新农居。

2016 年三江县农村危房改造任务为 4150 户（其中安排建档立卡贫困户危房改造任务不低于 835 户）。遵循自治区规定的"建档立卡贫困户优先、贫困地区优先、边境一线优先、自愿申报优先、2015 年绩效评价高优先"的原则，按照各乡（镇）现存危房量占全县危房总量比例和 2015 年农村危房改造进度，以及申请危房改造的任务量，在确保完成 2016 年预脱贫摘帽的 12 个贫困村 1.94 万贫困人口中建档立卡贫困户的危房改造基础上进行分配，优先考虑农村精准扶贫建档立卡危房户较多的乡（镇），综合考虑各乡（镇）上一年资金拨付情况、任务完成情况等因素，将下达的危房改造任务分解到全县 15 个乡（镇）。其中：古宜镇 120 户（其中安排建档立卡贫困户危房改造任务不低于 24 户，下同）、丹州镇 100 户（20户）、斗江镇 200 户（40 户）、程村乡 30 户（10 户）、老堡乡 210 户（42 户）、和平乡 65 户（13 户）、高基乡 80 户（16 户）、林溪镇 180 户（36 户）、八江镇 500 户（100 户）、独峒乡 500 户（100 户）、同乐乡 745 户（150 户）、良口乡 460 户（92 户）、洋溪乡 280 户（56 户）、富禄乡 500 户（100 户）、梅林乡 180 户（36 户）。

2016 年三江县农村危房改造补助对象的范围框定在民政"三无户"（无经济来源、无赡养人员、无劳动能力）和精准扶贫识别分数在 63 分以内的农户。在指标任务允许的情况下，指标任务的安排顺序依次为：重点是优先确保 2016 年脱贫摘帽的 12 个贫困村

1.94 万脱贫人口中的建档立卡贫困户；其次是照顾民政"三无户"（无经济来源、无赡养人员、无劳动能力）和其他贫困村的建档立卡户。

针对危房改造的补助，本次补助标准规定危改补助执行专款专用，专项用于危改项目，由财政部门通过"一卡通"方式发放到农户手中。乡（镇）按照下列档次安排改造户补助资金。

①民政"三无户"（无经济来源、无赡养人员、无劳动能力）

拆除重建 2.7 万元 / 户，加固维修 1.6 万元 / 户。

② 86 个脱贫摘帽村

建档立卡户：拆除重建 2.5 万元 / 户，加固维修 1.3 万元 / 户。63 分以下的非建档立卡户：拆除重建 1.8 万元 / 户，加固维修 1 万元 / 户。

③非贫困村

建档立卡户：拆除重建 2.3 万元 / 户，加固维修 1.1 万元 / 户；63 分以下的非建档立卡户：拆除重建 1.7 万元 / 户，加固维修 0.9 万元 / 户。

补助经费原则上按分期拨付方式下拨。项目动工后预付 30%，主体工程完成后支付 50%，项目经县级人民政府组织竣工验收合格后付清余款；为减少各级危改工作部门和危改人员的工作量，也允许采用验收合格后一次性拨清补助款的方式。农村危房改造政府补助资金要按照有关资金管理制度的要求实行专项管理、专账核算、专款专用，封闭运行，并按规定严格使用，健全内控制度，执行规定标准，直接将资金补助到危房改造户，严禁截留、挤占、挪用或变相使用。补助资金拨付要严格实施由财政部门负责通过"一卡（折）通"直接拨付到户的方式，不采取现金形式发放。

2017 年，三江县继续严格落实危房改造工作，根据《广西农村危房改造工作规程》制定了《三江县 2017 年农村危房改造实施方案》，三江侗族自治区 1 月的资金预下达 1538 户，2017 年 10 月 10 日自治区下达的方案确定任务数为 1986 户，其中，建档立卡贫困户、低保户、分散供养特困人员、贫困残疾人家庭四类重点对象 1538 户，其他贫困户 448 户；三江县 2016 年超下达任务完成建档立卡贫困户 1378 户，危房改造获 1102.4 万元增补资金，这部分资金可用于追加给 2016 年实施户和 2017 年新增实施建档立卡贫困户任务指标，但不能用作县级配套，由于 2016 年危改户的补助资金已下发到农户，此笔资金拟作为 2017 年度新增实施户补助；2017 年度自治区方案提倡将 2018 年及以后年度的改造任务提前实施。

根据《广西农村危房改造工作规程》的要求，本次危房改造补助资金分五个以上的档次安排。该方案具体表述如下。

①建档立卡贫困户

原址重建为 3.2 万元 / 户。

异地重建为 2.7 万元 / 户（在竣工验收后三个月内拆除旧房的另发放激励资金 5000 元，不按时拆除旧房的，激励资金不予发放）。

加固维修为 1.8 万元 / 户。

②农村分散供养特困人员、低保户、贫困残疾人家庭

拆除重建为 3 万元 / 户（上级方案不安排激励资金）。

加固维修为 1.8 万元 / 户（上级方案不安排激励资金）。

③其他贫困户

拆除重建为 1.6 万元 / 户，加固维修为 9600 元 / 户。

到目前为止，全县脱贫情况如下：2014 年脱贫

3467 户 14900 人；2015 年脱贫 3354 户 14550 人；2016 年脱贫 4138 户 17100 人。2017 年尚有 17517 户 75217 人未脱贫。2015 年全县贫困发生率为 23.33%；2016 年全县贫困发生率为 18.74%。精准扶贫及脱贫工作正在继续推进。

第二节 三江县人口分布与民俗

一 人口结构，民族分布

三江县是全国五个侗族自治县中侗族人口最多的一个县，侗族人口占 57%，同时又是一个多民族聚居的少数民族县，除侗族以外，还有汉、苗、瑶、壮等民族。全县辖 6 个镇、9 个乡（其中 3 个民族乡）：古宜镇、斗江镇、丹洲镇、独峒镇、八江镇、林溪镇、同乐苗族乡、梅林乡、富禄苗族乡、洋溪乡、良口乡、老堡乡、高基瑶族乡、和平乡、程村乡。

2014 年末，三江全县人口 39.34 万人，其中农村人口 34.76 万人，侗、壮、瑶、苗等少数民族 33.82

万人，其中侗族 22.77 万人。其特点是在总人口中，农村人口占到 88.36%，少数民族人口占 85.97%，而少数民族中，侗族人口最多，占到 67.33%。

2014 年与 2000 年第五次全国人口普查相比，三江县总人口增长了 10 万多人（2000 年全县人口为 285083 人，其中：古宜镇 21565 人，丹洲镇 15764 人，斗江镇 18890 人，程村乡 7096 人，和平乡 6738 人，老堡乡 15243 人，高基瑶族乡 6727 人，良口乡 24008 人，洋溪乡 15932 人，富禄苗族乡 21475 人，梅林乡 9820 人，八江镇 27640 人，林溪镇 22019 人，独峒镇 36986 人，同乐苗族乡 35180 人）。

从发展的趋势看，三江县的人口在不断增长，从课题组在安马村的调查来看，一般家庭有两个孩子，若其中有男孩，则不再生了，若没有男孩，则会继续生，直到有了男孩为止。感觉他们对多子多福似乎并不十分追求，满足于有 1~2 个男孩就好。

二　生活习俗

侗族多数占有低山、山谷、盆地之利，加上喜

图 2-1　劳作归来的安马村村民

（2017 年 4 月）

吃糯米，所有水田除旱田种黏谷外，大部分种植糯稻。过去都是一年一造。粳糯收获用禾剪，人们剪下禾穗捆成把，晾在禾廊上。每个侗寨都建有禾廊，几家共用一个或一家一个。禾廊多建在村边屋旁向阳的地方。侗族人喜欢在稻田里养鱼，春放秋捞，禾鱼两利。为此，侗族人民制定了"乡规民约"：如果偷鱼和山上的农副产品，要受到"款约"的制裁。侗族村寨房屋基本上是木质结构。生产工具是锄头、镰刀、禾剪、犁耙等，用牛犁田的很少，群众使用"犁田"一词也很少，讲"挖田"的较普遍。侗族喜欢在新造林地种植木薯、芋头等旱地作物。由于生产水平和抗拒自然灾害的能力低，所以迷信鬼神、靠天恩赐的思想较严重。过去生产上有许多禁忌。后来通过政府扶持生产，派技术人员下乡组织推广农科技术以及细致的思想工作，迷信思想逐步被克服。县内汉族多住在街镇和河谷平地或低山丘陵地方，生产技能较高。居住在浔江、融江两岸的农民，专长经营园艺，丹洲、西洲、大洲成为县内水果、蔬菜生产的三大基地。汉族生产习惯，以"六甲人"为代表，以农业为主，农林并重。

侗族习惯依山傍水聚族而居。大的村寨有四五百户，个别达到六七百户；小的村寨二三十户，很少有单家独户。村落附近大都种植风景树，古木参天。寨中鼓楼高耸，间有鱼塘、禾廊，寨边有水井和亭子。村间巷道和鼓楼坪，用青石板和鹅卵石铺成若干几何图案。侗族房屋多是杉木结构干栏式吊脚楼房。汉族"六甲人"的村寨大都建在大河小溪沿岸。1950年后地底屋基本上改为楼屋。

侗族主食大米，辅以小米、红薯、苞谷、马铃薯、小麦，在大米中尤喜糯米，侗族日常生活中少不了糯米饭；逢年过节、婚嫁丧葬、请客送礼更离不了糯米饭和糯米糍粑。"侗不离酸"。侗族喜吃酸，婚娶、祭祀也离不开酸。侗家喜吃的油茶，不仅是家常

图 2-2 安马村奴图屯鼓楼
（2017 年 4 月）

便饭，而且是社交待客的一种食品。三江汉族主食大米，辅以粟禾、禾参子、小麦、玉米；副食有猪、鸡、鸭、鱼等。一般喜鲜食。"六甲人"日食三餐，称早饭、晌午饭和夜饭。"六甲人"逢年过节爱打糍粑。做打油茶在广西是汉、壮、瑶、侗等族共有的饮食习俗。据说起源于唐朝，做打油茶的准备工作比较多，首先要把糯米蒸熟，平铺在笚箩上，放在通风处晾干；其次是茶叶要采摘、杀青等；做打油茶前把干米粒放进热油中炸成"米花"，加入茶叶一起炒，再加水煮成"油茶水"。还要事先准备好其他辅食，如炸花生米、炒黄豆等。食用时，人们围坐火塘，主妇把碗摆在桌子上，碗里放上葱花、菠菜等，用热油茶稍烫，再加米花和花生米、炒黄豆等辅食，即可食用。日常食用，也有只喝油茶水或用油茶水泡冷饭的，辅食多少不一；待客时，往往举行油茶会，添加的辅食品较为丰富。

图2-3 安马村村民家中打油茶
（2017年4月）

三 重要民俗（节日）

三江县是广西唯一的侗族县，民族风情多姿多彩，传统文化源远流长，人文景观独具一格，民居吊脚楼、风雨桥、鼓楼等名胜风景吸引了大量中外游客。从高铁三江南站一出来，就有不少人围上来问：

去程阳吗？去丹州吗？这些旅游景点及民族旅游已成为三江县的"名片"。走入三江县城所在地古宜镇，也能看到著名的风雨桥。

"桂林山水甲天下，侗族风情看三江。"以鼓楼、风雨桥、侗族民居等木制建筑艺术闻名世界的三江县，拥有中国最完好、数量最多、分布最集中的侗族建筑群，全县境内共有侗族风雨桥 108 座、鼓楼 159 座，还有大量的侗族民居建筑群；三江县的侗族服饰绚丽多姿，色彩斑斓，在全县 13 个乡镇和三个流域内，可以充分领略到风格迥异的侗民族服饰文化；三江县号称"百节之乡"。每逢中国传统佳节大年初一，广西三江县独峒乡唐朝村的侗族民众，便聚在一起举行独特的传统避邪节——"赶贼节"活动。正月十五斗牛节、三月初三花炮节、八月十五赶坡会、九月初九新禾节以及十一月二十二日的冬节等富有侗族风情的节令接踵而来，"百家宴"上惊天动地的酒令，从年初行到年尾；三江县"侗不离酸"，侗族民间的酸鱼、酸鸭、酸猪肉以及各种酸蔬菜、打油茶等独特的饮食，得到人们的喜爱。此外，多椰文化和萨文化等民间文化，源远流长。安马村每年的节日活动也很多，图2-4 为 2016 年村欢庆多嘎节的歌唱舞台。在唱歌的过程中，村民及来宾们可以对自己感兴趣的歌手给予金钱的奖赏，据说一般是十几块钱到几十块钱。

图 2-4　奴图屯小舞台（三江县民委捐建）

（2017 年 4 月）

第三节　三江县经济发展状况

一　经济情况简介

2015 年三江县实现地区生产总值 42.72 亿元，比 2010 年增加 14.18 亿元；规模以上工业总产值 5 亿元；财政收入 3.28 亿元，比 2010 年增加 1.38 亿元；全社会固定资产投资完成 65.88 亿元，比 2010 年增加

23.27 亿元；社会消费品零售总额 19 亿元，比 2010年增加 9 亿元；城镇居民人均可支配收入 24193 元，比 2010 年增加 9196 元；农民居民人均纯收入 6787元，比 2010 年增加 3225 元。

（一）第一产业

三江县农业产业规模不断壮大。重点抓好"两茶一竹"、种稻养鱼、林下经济、乡村旅游等生态产业发展，促进农业增效、农民增收。截至 2015 年，全县茶园总面积 16.1 万亩，比 2010 年增加 3 万亩，产值 11.8 亿元，是 2010 年的 2.6 倍。油茶总面积 61.7万亩，总产量 1.63 万吨，产值 3 亿元，总产量和产值比 2010 年分别增长 30%、46%。毛竹总面积 16.2万亩，产量 509 万根，产值 9200 万元，产量、产值分别比 2010 年增长 237%、52.31%。造林面积 4 万亩，木材蓄储量 1183 万立方米。完成标准化种稻养鱼 5万亩，实现产值 6729.35 万元。

农业产业化水平不断提高。围绕特色产业的精深加工，三江县加快产业化发展。成立三江春商贸有限责任公司，完成三江茶叶交易市场一期工程建设。先后引进和培育农业龙头企业 9 家，建立茶叶协会、种稻养鱼等经济合作组织291个，成立了广西茶籽油和茶叶产品监督检验中心、广西三江茶叶研究院、茶叶和茶油研究所；"公司＋基地＋农户"的特色农业发展模式初步形成。通过举办茶叶开采仪式、茶叶擂台赛等活动，三江县组织茶叶相关企业到北京、上海、广州、深圳等地进行推介和评比，共获得300多个奖项，有效地提升了三江茶叶品牌的知名度和市场占有率。"三江茶"被列为国家地理标志保护产品；三江县荣获"中国名茶之乡""全国重点产茶县""全国十大生态产茶县""广西无公害茶叶生产示范基地县"等称号。八江镇布央村三江茶产业（核心）示范区被评为自治区级现代农业（核心）示范区和全国休闲农业与乡村旅游"四星级"园区。广西早春茶业有限公司在广西北交所挂牌上市，成为三江县第一家进入股票市场交易的茶叶企业。

农业综合发展能力不断增强。2010~2015年三江县累计投入8.7亿元，改善农业基础设施，解决了10.5万人的饮水安全问题，改善灌溉面积2.7万亩；坚持粮食生产红线意识，粮食产量稳定在6.3万吨以上。三江县顺利实施供销合作社综合改革试点工作。农机推广力度逐步加大，农业机械化水平进一步提高，农业基础地位进一步巩固。2015年，全县农业总产值完成28.2亿元，比2010年增加15.05亿元。全县有水田面积12.84万亩，但其中潜育性和淹育性水稻田面积分别为3.1万亩和5.6万亩，分别占水田面积的24%和43.6%。潜育性水稻田多分布在山冲和低洼处，由于地下水位高或地表长期积水，土壤寒冷，亚铁含量高，水稻生长差、产量低。淹育性水稻田多分布在山坡、阶地和位置较高的梯田，水耕条件差，土壤熟化程度低，土壤肥力低。这些低产田一般亩产只有250~300公斤。

三江县目前在桑蚕生产、罗汉果种植、百合种植、中草药种植以及冬种马铃薯生产方面也取得了较大进展，这些方面有望成为农民增收的新的增长点。早在2006年，在蔬菜种植面积的1.7万亩中，百合、罗汉果的种植面积就分别达到1610亩和6865亩。

（二）第二产业

2013年1~6月，三江县规模以上工业企业完成工业总产值13670.7万元，同比增长119.56%。实现工业增加值1562.2万元，同比增长48.34%；实现税金389.2万元，同比增长8.2%。2012年1~6月完成工业技改投资 3135 万元。2013 年，三江县实现招商引资项目 29 个，涉及资金 32.82 亿元，到位资金 17.02 亿元。

"十二五"期间，三江县共引进招商项目 76 个，到位资金 75.2 亿元，为县域经济发展提供了资金支撑。加大资源整合力度，积极推进改制工作，共完成企业改制 7 家。工业园区建设稳步推进，完成征地 680 亩，县本级财政完成投入 6000 多万元，园区各项基础设施日趋完善。三江县工业园区于 2011 年 12 月被自治区确认为 B 类工业园区，规划总面积 7920 亩，按功能定位划分为两个片区，即龙吉片区和程村片区。龙吉片区规划面积 6300 亩，位于三江县古宜镇龙吉村，以二类工业用地为主，主要发展茶叶、茶油、竹木加工、服装等产业，配备建设相应的物流仓储设施，力争建成区域的物流中心及生态绿色产业基地。程村片区规划面积 1620 亩，位于程村乡头坪村西面，距县城仅 10 公里，该片区以竹木加工及食品加工产业为主，是三江县首期开发的示范片区，其发展目标是：遵循"低碳经济、环保经济、循环经济"的产业发展方向，以打造"绿色、有机、生态、环保"园区为总体思路，求真务实，科学规划，把工业园区打造成"布局合理、交通流畅、设施完善、环境优美、环保达标"的现代化工业园区。

但三江县工业发展依旧存在问题。一是目前工业企业仍以国家限制类耗能冶炼企业为主，受国家产业政策制约大，其中三江信达铁合金有限公司尚未通过环评，三江铝业公司未达到国家产业准入要求；二是农产品加工缺乏龙头带动企业，整体增效不明显，同时由于规模小，向上争取政策资金支持难度大；三是缺乏前期资金项目，整体储备包装不到位，严重影响了年度项目向上争取扶持工作。

（三）第三产业

旅游产业发展成绩斐然。三江县以创建"广西特色旅游名县"、"全国旅游标准化示范县"和程阳八寨创建国家 5A 级景区为契机，依托桂林—龙胜—三江—柳州黄金旅游线路，完善"一轴两翼"服务功能，成立了程阳、丹洲景区管委会，强化景区管理；编制了《三江县旅游总体规划（修编）》《三江县旅游产业发展战略策划报告》等旅游规划，出台了《三江县旅游业发展奖励办法》《三江县旅游标准化工作管理办法》等扶持政策，旅游业呈现良好的发展势头，三江县成功创建了 3 个 4A 级景区、5 个 3A 级景区，"千年侗寨·梦萦三江"形象品牌不断提升。2015 年，全县旅游总人数达 505 万人次，旅游总收入 30 亿元，分别是 2010 年的 4.5 倍和 7.3 倍；其中，海外游客 14.9 万人次，国际旅游创汇收入 3622 万美元，分别是 2010 年的 2.6 倍和 4.8 倍。2015 年，三江县文化旅游产业增加值居全市第一。荣获"2012 亚洲金旅奖·最具民俗特色旅游县""2014 年'美丽中国'十佳旅游县""广西十佳休闲旅游目的地"称号；成功创建"全国旅游标准化省级示范县"，程阳八寨被评为"全国特色景观旅游名村"。

二 支柱产业——旅游业、特色农产品加工业

三江县的侗族文化底蕴深厚，民族风情浓郁，是柳州甚至广西重要的旅游县。自 2003 年以来，三江县已成功举办五届"多耶程阳桥"文化旅游节，标志着侗乡旅游业再上一个新的台阶，2008 年，三江县

荣获"广西优秀旅游县"和国家 4A 级景区称号，现在正努力打造成为湘、黔、桂三省区旅游目的地和全国旅游强县。

三江县的程阳桥、岜团桥和马胖鼓楼是全国重点文物保护单位，程阳桥 2008 年 5 月荣升为"世界十大最壮观桥梁"之一；程阳八寨为中国首批景观村落和广西首批十大魅力乡村之一；丹洲村（岛）是全国生态农业示范点；侗族大歌和侗族木构建筑营造技艺被列为全国首批非物质文化遗产名录；三江县是全国文物保护先进县。三江的自然景观秀丽，人文景观精美，人与自然和谐相处。全县有风雨桥 120 座，鼓楼 180 座，吊脚木楼古朴，村寨井亭典雅，构成一幅天时地利桥美楼丽人和的侗乡风俗画卷。有"世界风雨桥之乡、世界鼓楼之乡"的美誉。

中国（柳州·三江）侗族多耶节是桂、湘、黔交界地区和广西乃至全国最成功、最有影响力、最具代表性的民族传统节庆品牌之一。它以"欢乐、友谊、安定、团结"为永恒的主题，传达"平等、和谐、大同"的理想。多耶节始终围绕"民族特色、民族文化、民族精神"的文化内核展开各项活动。一般的，三江县会在国庆黄金周（10月1~7日）举行侗族多耶节，迎接海内外宾客到来旅游观光，更深入更贴近地了解侗族人文风俗。

此外，三江县还有如下名优特产。①禾花鱼："禾花鲤"即在稻田里混养，不放任何合成饲料喂养的鲤鱼，因鱼肉鲜嫩香甜而得名。主要产地是以良口乡晒江村和洋溪乡信侗村为中心的榕江河一带。②三江竹笋：脆嫩、味美、多汁。③归东野葡萄：因出产于三江县同乐乡归东村而得名，成熟期为每年8月下旬，熟后留其树上挂果1~2个月。果子不落、不裂、不烂，果皮蓝黑色，易着色，成熟一致，颜色美观，品质优良。归东野葡萄籽少肉多，可食率在90%以上。④茶油：茶油系用山区山茶果提纯的植物油，绿色纯天然，营养丰富，色清味纯，所含单不饱和脂肪酸成分量为天然植物油中之冠，现全县茶油树种植面积74.77万亩，年产茶油8000吨，茶麸32万吨。⑤沙田柚：三江沙田柚果大美观，清甜爽口，果质优，每年春节前销售一空，尤以具有古城风韵丹洲镇丹洲沙田柚最佳，曾作为广西特产水果出口港、澳、台。目前全县沙田柚种植面积9314.8亩

第二章 ——

三江县扶贫及经济社会情况

一

（包括新植），年产量 1815 吨。⑥绿茶：茶叶是三江县支柱产业之一，三江县现有茶园面积 5.72 万亩，可开采面积 3.8 万亩，年产茶叶（干）825 吨，产值 2475 万元，主要产品有仙人山茶厂生产的"仙人山茶"，其品种有银针、竹叶青、碧螺春、黄芽、毛峰等，其口味香醇浓郁，滋味悠长而畅销区内外；1666.67 公顷无公害茶叶生产基地获得产地认定，计划全县无公害茶叶产地认定面积达 4000 公顷，届时三江县将成为广西区桂北山区最大的无公害茶叶生产基地县。⑦板栗：目前，全县栗板栽培总面积达 35710.1 亩（包括幼林地），年产板栗 163.4 吨以上。其果大（特级板栗每公斤 40 粒以内），质优（所产板栗颜色鲜艳，营养丰富，极耐储藏），上市时间长。一般从 8 月底至 11 月中旬均有板栗上市。⑧香糯：三江香糯是三江农业技术服务中心经多年提纯复壮培育而成的优质品种，其米质优良、疏松爽口、香味浓郁、营养丰富，是上乘的粮食，也是酿制佳酒、制作精美糕点的优质原料和送礼佳品；以三江香糯为原料酿制的"三江菊花糯米米酒"曾东渡日本参加国际比赛获金奖。三江年种植面积 4.8 万亩，产量

1440万公斤。⑨其他：如竹制品、肉牛、丹洲蜜柚、梅林夏橙、百合、罗汉果等。

第四节　各级各类教育情况

三江县在"十二五"期间，投入教育资金14.7亿元，年均增长13.0%；共实施教育项目855个，民族高中搬迁、三江中学扩建等重点项目有序推进；"两免一补"、"营养改善计划"、校车安全、优质集中办学试点等教育工程稳步实施，办学条件进一步改善。通过特岗招聘、人才引进、本土教师培养等途径招聘教师376名，"轮岗交流"教师460名，教师队伍建设得到加强。2015年，学前三年幼儿入园率、小学入学率、初中阶段和高中阶段毛入学率分别达到61.0%、99.9%、107.6%、73.64%。职业教育综合改革有效开展，新设旅游、茶叶专业，为县特色产业发展提供技术人才。科技工作实现新突破，顺利通过国家科技进步县考核。

截至2017年9月，三江县全县有中小学校254

所，其中，普通高中 2 所，职业学校 1 所，特教学校 1 所，初中 14 所，完全小学 93 所，教学点 143 所。幼儿园 214 所，其中，公办幼儿园 7 所，公建民营幼儿园 29 所，民办幼儿园 178 所（有办学资质 19 所）。全县在职在编教师 2895 人，其中，普通高中教师 272 人，中职教师 52 人，特殊学校教师 5 人，初中教师 918 人，小学教师 1618 人，幼儿园教师 30 人。全县在校高中生 4209 人，普通高中毛入学率 27.5%；中职生 683 人，特教学生 25 人，初中生 15203 人，小学生 35459 人。入园幼儿 13157 人，毛入园率 76%。

一 高中及义务教育

（一）高中教育情况

2017 年，高中计划招生 1300 人，实际招生 1321 人；初中计划招生 5658 人，实际招生 5676 人；小学计划招生 5733 人，实际招生 5749 人。高中本地户籍 1321 人，非本地户籍 0 人；初中本地户籍 5648 人，非本地户籍 18 人；小学本地户籍 5733 人，非本地户籍

16 人。高中男女生比例为 56∶100；初中男女生比例为 110∶100；小学男女生比例为 115∶100。高中寄宿生与非寄宿生比例为 100∶0；初中寄宿生与非寄宿生比例为 8∶1；小学寄宿生与非寄宿生比例为 1∶18。

（二）义务教育情况（以洋溪乡为例）

以洋溪乡小学为例，了解一下三江县的小学教育情况。洋溪乡中心小学创建于 1959 年，目前学校占地面积 3670 平方米，生均 12.74 平方米；学校装配有仪器室、电脑室、多媒体教室、科学实验室、图书室、音乐美术室、体育室和卫生室；校内设有篮球场、活动场等体育设施，办学条件能满足教学需要。现学校有教师 15 人，专任教师 14 人，其中女教职工 8 人，具有本科学历 2 人，大专学历 10 人，中师学历 2 人，教师学历达标率为 100%；教师中取得小学一级教师职称 12 人，小学二级教师职称 3 人。2017 年春的学期开设 9 个教学班（其中有 4 个寄宿制班级），在校学生总人数 292 人，其中女生 118 人；寄宿制学生 144 人。

三江县中学教育情况优良，其中具有代表性的是三江县洋溪乡中学。三江县洋溪乡中学位于榕江河畔的虎头山山脚下，原名"勇伟五七中学"，于1970年创办。原校址在离洋溪6华里的让口屯附近，1982年搬迁到洋溪，更名为"洋溪乡中学"。洋溪乡中学现有14个教学班，学生668人，入学率98%，巩固率96%，升学率90%。学校现有教师38人，专任教师37人。本科学历26人，大专学历11人，合格率100%，初中校长上岗合格率100%。学校占地面积12.06亩。教学及教学辅助用房建筑面积2950平方米，生均4.4平方米。其中教学楼2栋14个教室；实验楼1栋6个教室；教学综合楼正在建设中；有男、女生公寓式宿舍楼各1栋44间，可容纳学生600多人；有学生食堂1栋，教师周转房1栋；有图书室和阅览室，存书27380册，生均41册；有物理和生化实验室、仪器室；有体育室、卫生室和电脑室；教室新装有交互式教学白板，现代化教学手段得到普及。洋溪乡中学为柳州高中、柳州一中输送了很多优秀学生。洋溪乡中学不但培养了很多优秀学生，也培养了很多优秀教师，从洋溪乡中学走出的老师，都成为学校的管理者和教学骨干。学校在创建义务教育学校常规管理和校园文化建设中，成绩显著，深得上级领导和社会群众的好评。

二 县中等教育（职业技术教育）情况

（一）免除学费的中等职业教育

从 2014 年新学期起，对中等职业教育学校学生全部免除学费。资助经济困难家庭学生 260.66 万人次，此项资助安排经费 40.07 亿元，其中，高校奖、助学金 7.75 亿元，奖励、资助学生 23.67 万人；高中免学费补助资金 1.39 亿元，免学费学生 14 万人。高中国家助学金 3.69 亿元，资助学生 25.9 万人；中职国家免学费补助资金 7.84 亿元，免学费学生 37.4 万人，中职国家助学金 1.15 亿元，资助学生 7.7 万人。

（二）三江县职业技术学校简介

当地的中等教育，以当地仅有的一所中等教育院校——三江县职业技术学校为代表。三江县职业技术学校于 1983 年创办，位于县城古宜镇东郊，系县人民政府直属公办中等专业学校，公交车直达校门。校园占地面积 59 亩，自 2008 年开展职教攻坚以来，区、市、县共投入 4000 多万元用于基础设施建设，更新实训设备，大力改善办学条件。办学理念先进，办学特色突出，办学条件优越，师资力量雄厚，是培养职业中专技能型人才的首选学校。目前，学校有全日制教学班 16 个（其中一年级 6 个班 230 人、二年级 5 个班 224 人、三年级 5 个班 208 人），在校学生数为 662 人，非全日制 355 人，2016 年全日制招生任务 200 人，录取新生 230 人。2017 年计划招收 360 人。2017 年，职校共招收 8 个专业方向的学生，分别是旅游服务与管理、茶叶生产与加工、计算机应用、电子电器应用与维修、汽车运用与维修（与柳州市一职校联办）、学前教育（与柳州市二职校联办）、畜牧兽医（与广西柳州畜牧兽医学校联办）、特种动物养殖（与广西柳州畜牧兽医学校联办）。全校有教职工 49 人，其中，长期聘用 1 人，临时聘用 2 人，专任教师 35 人（其中专业课教师 18 人，文化课教师 17 人）；专任教师中具有"双师型"教师 29 人。

三 县高等教育状况

三江县当地的高等教育情况相对薄弱，直至 2017 年三江县还没有一所本地的高等教育院校。尽管如此，当地每年接受高等教育的人数的比例则不断提高，比如，三江中学近三年来大专以上升学率分别为 73%、82%、89%，有的学生考入清华大学、南开大学、中山大学、浙江大学、武汉大学等名牌大学。其中，接受高等艺术教育的人数所占比例较高，三江中学的一些学生也进入广西师范大学、广西艺术学院等学校接受高等教育；还有部分优秀学生考取了清华大学、西安美术学院、四川美术学院等知名艺术院校来接受高等教育。

四　县继续教育情况

三江县的继续教育主要体现在中小学教师的继续教育和三江县职业技术学校的继续教育方面。

三江县的中小学教师根据自治区教育厅列出的继续教育教材自学，按自学计划学完教材，能完成作业，有自学报告，经校长审阅合格，可按教材规定的学分予以登记。教师每三年通过这种形式所取得的学分，不得少于 20 学分。经主管教育行政部门同意，各教师可以参加进修院校、教师培训中心、教研部门、电教部门举办的各种继续教育业余、脱产培训班。三江县实行继续教育登记制度，建立必要的激励机制。中小学教师每年必须完成继续教育 45 学分；其中自学 30 分，参加业余培训、脱产培训、科研教改活动不少于 15 学分。新教师在试用期内未完成规定学分者延期转正，其他教师完成继续教育年度学分作为教师职务评聘、考核晋升和评优选模的必要条件之一。

在三江县的继续教育中，三江县职业技术学校扮演着重要的角色。三江县职业技术学校的继续教育取得了突出的成绩，该校着力发展短期培训，不断促进教育的均衡发展。不断完善成人教育培训基地，加强与社会联系，统筹搞好农民技能和劳动力转移、农业产业化培训以及新品种、新技术推广等，学校充分利用教育资源，采用"开门办学、下乡办班"的形式，利用各种培训项目，落实好各种培训工作。2016 年，实施导游、民族歌舞、酒店服务与管理、烹饪、茶艺、茶叶生产与加工等培训，培训总人数为 1050 人，在继续教育方面取得突出的成果。

第三章

安马村现状及其村委会改选

第一节　安马村概况

一　自然及民族概况

（一）村屯地理及民族简介

安马村辖寨全、边四、安马、奴图、岑夜、井板6个自然屯9个村民小组，共460户2112人，其中建档立卡贫困户191户865人。无论从贫困户还是贫困人口计算，其贫困发生率在41%左右。

村内现有房屋 450 座，村内道路 12.5 公里（全部为水泥路，基本上是盘山路），鼓楼 2 座，戏台 3 座，篮球场 4 个。全村耕地面积 828 亩，其中水田 673 亩，旱地 94.9 亩；园地 500 亩；林地 8006 亩。安马村属于典型的山区农村，人多地少，人均耕地仅有 3 分多；亩产不高，一般仅够维持自家人的口粮。

安马村隶属于广西壮族自治区柳州市三江县，地处东经 108° 53′ ~109° 52′，北纬 25° 22′ ~26° 2′，是湘、桂、黔三省（区）交界地（三江县总面积为 2454 平方公里，县人民政府驻古宜镇，距离柳州市 203 公里，距桂林市 167 公里）。安马村位于广西壮族自治区北部，东连龙胜县、融安县，西接融水县、贵州省从江县，北靠湖南省通道县、贵州省黎平县，南邻融安县、融水县。翻过安马村北边的大山，就可以到湖南的通道县、贵州的黎平县，可以一脚踏三省，但没有公路，只有山路。

1. 地貌

三江县境内沉积岩分布极广，丹洲群、震旦系分布区占三江县面积的 95% 以上，中生界白垩系在北部程阳呈点状分布，东部与龙胜交界处有少量雪峰期火山喷发岩，河口附近有个别超基性岩体，中部及南部露出少量基性岩、闪长岩及煌斑岩；三江县地处江南古陆南缘，位于九万大山穹褶带和龙脉褶断带之间，曾经过多次地壳运动，褶皱断裂非常发育。

安马村地貌分为残余山地、陡崖窄脊山、V形谷、河从丘陵河流谷地、残余山前梯地等六种层次一级地貌。

2. 生态环境

（1）气候

安马村处于低纬度地区，属中亚热带、南岭湿

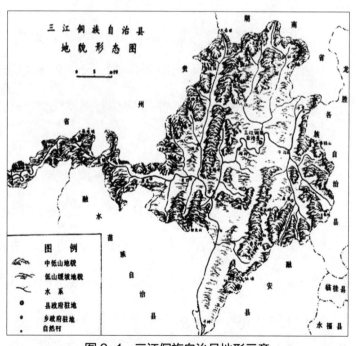

图3-1 三江侗族自治县地形示意

资料来源：引自三江县志编纂委员会编《三江县志》，中央民族学院出版社，1992，第80页。

润气候区；全年平均气温为 17~19℃，南北气温相差 1~2℃；雨热同季，寒暑分明，晨昏多雾，四季宜耕；一年四季，春多寒潮阴雨，夏有暴雨高温，伏秋易旱，冬有寒霜。

年平均雨量在 1493mm。雨量分布南多北少，东多西少；夏季为降雨高峰季节，降雨量占全年的 42%~48%；春季为降雨次高峰期，降雨量占全年的 30%~35%；秋冬两季降雨较少。

本地属日照偏少地区，年实际日照数平均为 1333.3 小时；三江县属季风气候区，全年风向以东北偏北风为多，其次是北风和东北风；历年平均雾日为 79 天；年平均无霜期是 321 天；年平均降雪 5 天；年平均结冰 7.2 天；年平均相对湿度为 81%。

（2）水文

三江县境内有 74 条大小河流纵横交错，属于珠江上游西江水系的一部分，"三江"得名于境内的三条大江，即榕江、浔江与苗江。县境内没有地下河，地下水补给来源于大气降水，补给与消耗基本平衡，一般泉水终年不断。水资源丰富，总量 24.7 亿立方米，人均水资源占有量为 7005 立方米。水能理论储量为 54 万 kW，可开发的为 25.5 万 kW。

安马村位于山腰及山顶，虽然在水源丰富地区，但吃水困难，通过修建水窖、修水塔等措施，解决了饮水问题，有部分村民家中实现了饮水入户。

（3）土壤以及土地资源

土壤属于红壤地带，但随着山地海拔高度的不同，分为红壤地带、黄红壤地带、黄壤地带。三江县垂直分布规律大体是 500 米以下的丘陵为红壤地带性土壤，500~800 米为黄红壤地带性土壤，800 米以上为黄壤地带性土壤。土壤总的特点是：土体肥厚，多为壤土；有机质含量高（2012 年，三江县土地总面积 2454 平方公里，其中农用地 21.08 万公顷，占土地总面积的 85.9%。在农用地中，耕地 1.30 万公顷，占农用地的 6.17%；园地 0.77 万公顷，占农用地的 3.65%；林地 17.68 万公顷，占农用地的 83.87%；牧草地 1.33 万公顷，占农用地的 6.31%）。

3. 交通状况

三江县道路交通网络呈放射状布局，公路有 209 国道和 321 国道在境内交会，南至柳州市，北通湖南通道县，东达桂林市，西往贵州从江县，全县 15 个乡镇畅通无阻；水运可沿融江直达柳州市。枝柳铁路南北向贯穿，北到湖南省通道、怀化、张家界，南至柳州、南宁。近年来，随着贵广高铁（设有三江南站，三江南到广州南、贵阳分别只需要 3.5 小时、1.5 小时）、G76 厦蓉高速公路、S31 三北高速（三江到北海）的修建，三江县交通状况得到极大改善，区位优势更突出，三江县已成为湘、黔、桂三省区交界区的交通枢纽。

道路虽然不少，但除高速路外，一般道路的状况不佳，尤其是 321 国道，从三江县城古宜镇出发，出城不久，道路就变得非常难走，从古宜镇到洋溪乡 40 公里的路程，我们乘坐的大巴车走了一个多小时，且 6~8 月是雨季，又因多为盘山道路，常常看到垮塌下来的泥土，阻挡了一半的行车道，土堆旁常有挖掘机在施工。路面不仅有雨水冲刷下来的泥土石块，而且非常坎坷不平，司机要非常小心地避开坑洼之地，行进速度较缓慢。

只有随着交通状况的改善，三江县的旅游业、农副产品加工业等才有发展的可能性，使从根本上解决其贫困问题成为可能。

（二）安马村的民族分布

安马村有侗族、苗族、瑶族三个民族，其中，苗族分布在安马、奴图、岑夜三个自然屯，另外三个屯为侗族和瑶族。侗族的屯子寨全、边四在村委会附近，地势相对平坦；而苗族、瑶族的村子在两个不同方向的山上。安马村整个形状像是个等边三角形。

虽然村中有侗族、苗族、瑶族，但平日里从服装等外表上是看不出来的，特别是男性，服装与汉族没什么两样，但妇女的服装还是有特点的，与时装是不一样的，区别主要是在上衣和头饰上，她们的上衣是以蓝色为主的斜襟大褂，腰间用宽布带扎紧，头饰也为蓝黑色的小头巾（见图2-1、图3-4）。

从服饰上看，她们与一般的苗族很不一样，经询问，得知这里的苗族自称为"草苗"，他们与一般的苗族没有共同的语言、服饰、民俗等，根本听不懂苗语，而与当地的侗族在语言上相通，虽口音不同，但互相能够听明白，交流无障碍。从服饰上看，其妇女的外衣与蒙古族的外衣有些相似。据乡干部说，他们不是真正的苗族，而是元末时蒙古族人的后裔，为躲避战火，遁入山中，生活习惯、语言等模仿侗族，但又不同于侗族，对外只好自称是苗族。在村民家中访问时，有幸看到了其家谱（见图 3-2），虽只记录到清朝晚期，全部为汉字，用毛笔写就，字迹不是很统一，也不太优美，纸张均已发黄；但上溯至宋代，自称从江西吉安府泰和县迁来。据此，有的苗族村民也说自己祖上应是汉族。

图 3-2　安马村（屯）吴姓老家谱首页

（2017 年 4 月）

在村中调研，给我们感觉最深的是良好的治安状况。在调研的过程中，凡是问到治安状况的问题，课题组都得到非常肯定的回答。村民们都很自豪地说：在这里一个人走夜路也不用害怕，非常安全；近些年来，村里没有出过治安问题。

二 调研中发现的问题

（一）垃圾露天焚烧

从洋溪乡前往安马村的路途中，课题组成员看到公路边不远处，一座垃圾堆成的小山上浓烟滚滚，日夜不熄（因返回时是晚上 10 点左右），而且闻到呛鼻子的气味。据村干部介绍，这里是安马村的垃圾焚烧场，但周围三个邻村的垃圾也倾倒于此，屡禁不止。在调研访谈中，我们也听到一些受访村民反映，焚烧垃圾的浓烟和难闻的气味已影响到他们的生活，希望村里和乡里予以解决。

垃圾应无害化处理，这在全世界都是普遍受到关注的课题，小小的安马村也有同样的难题。

（二）交通事故问题

因从乡到村庄中的道路均为盘山公路，有的地方坡非常陡，以我们的观察，坡度超过 45 度，再要加上拐弯，一般人是不敢在这样的路上驾驶车辆的。但村民们没有选择，他们没有汽车，一般是驾驶电动车出行，每天出入都要经过这样的路段，非常不安全。

村内通车以来，已有 2 人因交通事故去世，因车祸受伤的人就更多了。加上广西地区多雨，山区经常发生泥石流等自然灾害，在深山中的安马村也不例外。尤其是安马、奴图、岑夜、井板等屯寨，乡上的司机都不愿意载客人进入，因为村中平地少，道路狭窄，调头倒车都是问题，遇上一点事故如塌方或泥石流等就会导致道路中断。

因村中人家很少有汽车，外面车辆进入很少，会车没有遇到，堵车问题也没有。一般车辆到寨全屯问题不大，但往其他屯寨就比较困难。

即使没有自然灾害，驾驶电动车出入，一般太晚了也不安全，因村内的道路均没有路灯，晚上步行也要打开手电，村内的道路（入户的道路）都是高低不平、曲曲折折的，有的地方是架空的，总之晚上出行要非常小心。

三 在调研中观察到的风俗

在入户访问中，课题组能够感受到村民们的热情。村民都会主动邀请课题组打油茶，到了吃饭时间会邀请课题组一起吃。课题组很吃惊的是，村里的人吃饭时常常是肉菜多，而蔬菜较少。通过了解，我们得知，肉可以买来吃，而青菜要自己种才有的吃，而地少，种粮食都不够，种菜就少些；也有的是因比较忙，顾不上种菜。种菜要浇水施肥等，要有较大的人力物力投入。

（一）房屋及陈设

村民们的房子一般是上下层结构的，大多是木质的，也有钢筋水泥的，相对比较新的比较少。房子的底层一般是不能住人的，特别是老房子，一层的地面是土质的，用来养猪、鸡等家畜，堆放柴火等杂物，厕所一般也在底层；进大门后就上楼梯，上到二楼是客厅或长廊、卧室、厨房（餐厅）等。客厅一般摆放木制沙发椅，三人座常见，配两个单人沙发椅；茶几、电视柜也是有的，电视机一般都有。客厅一般是朝阳的，有些新房子中每层都是设有卫生间的，一般与浴室在一起，有抽水马桶、电热水器等，但面积都不大。绝大多数家里都有冰箱、彩电、电饭煲，但电视机一般比较老式；一般家里也会有一部以上的手机。但有电脑的家庭很少，我们调研的家庭中很少看到。

（二）木地板中的火塘

在以木质为主的村民家屋中，有常年不灭的火塘，一般在地板中，做饭没有灶台，直接在火塘上架上支架，上放锅煮饭、烧菜。厨房一般兼作餐厅，村民夏天会在客厅中吃饭，因为厨房中有火太热。吃饭所用桌凳较我们平常使用的矮很多，凳子普遍15厘米高，餐桌约50厘米高。

安马村村民爱喝酒，午饭或晚饭时，一般都会喝点米酒。各家各户都会酿米酒。现在一般也是自己酿制米酒，买酒来喝的是少数。

图 3-3　安马村村民家中火塘
（2017 年 8 月）

（三）打油茶

家家每天必打油茶。从字面可以看出，其最基本的原料有茶叶和食用油，一般有客人时使用的是茶油。安马村村民使用的茶和油都是自己种植加工而成的。在广西三江县，茶叶和油茶尤为出名，把茶油在铁锅中烧热，放入自家种的大茶叶翻炒，轻轻捶打，再加适量的水，用文火煮成茶汤，用茶汤冲入炒米花中，再加入香菜碎、花生碎、炸小河虾或炒肉丝（片），有的人家还加入炒菜等，这样做好的成品是村中待客的最高待遇之一。

图3-4　安马村年轻村民（一家三口，与中老年人相比，年轻村民平时的日常着装为现代服装，尤其是妇女的着装很不同。男性一般都是现代服装，没见到穿传统服装的男性村民）

（2017年4月）

第二节 农业生产及教育概况

一 主要的农作物

安马村主要的农作物有水稻、茶叶、油茶；种植茶叶100多亩；还种植草药钩藤，现有40多亩，种植草药钩藤为扶贫项目，近两年安马村才开始种植草药钩藤。

安马村主要的林木资源是杉树、竹子。但由于地处偏远，加之木材和竹子的附加值不高，雇人去伐木，再运出去，出售的价值却不高，村民连本钱都赚不回来。村里有家木材加工厂，对木材进行去皮、切割等简单的加工，再卖给附近的村民盖房子用。

安马村现有的经营性农业主要是茶叶种植，这里虽然山高路远，但绝对海拔只有1000多米，路陡是因山形比较陡峻。总的来说，三江县处于低纬度地区，属中亚热带、南岭湿润气候区；全年平均气温为17~19℃，雨热同季，寒暑分明，晨昏多雾，四季宜耕；因而茶叶从农历正月十五以后就可以采摘，且一直可以采摘到10月。据乡民介绍，其茶叶品种不是很好，春茶（清明之前的茶）能够价值高一些，每斤能卖到 80~100 元，其他时间的茶叶，一般每斤只有 8~12 元。在入户访谈中，有几家反映，茶叶价格较低的时候，使他们的茶叶生产亏本，但总体来看，茶叶产业是安马村的主要种植产业，近几年来村里茶叶种植面积有所增加，村民收入也有所增长，但因规模小，村民各自为战，茶树的品种一般，没有大的升值空间。

二 养殖业概况

安马村养殖猪、鱼、鸡、牛、鸭等。现村中养牛 20 头，养猪 50 多头。

村内的主要农产品和养殖的鱼、鸡等大多是自产自销的，因地处山中，除茶叶外，其他的要运出去成本太高，卖不出价钱，收不回成本，如茶油，现村民已没有扩大种植的动力，因产量不高、出油率低，村民只是自种自吃。课题组成员在村民家中吃饭或吃油茶时，主人常常强调菜或肉是用茶油炒的。村民们都知道茶油的优点，也觉得茶油好吃，比较香。

稻田养鱼及散养肉鸡等也有此类问题，因基本没有人来山里收购，村民自己也不可能出去卖，另外外面市场鱼比较多，没有市场是最大的问题。村里的土地面积有限，并且很分散，大都是顺着山坡围起来的梯田，人均只有几分田。种植、养殖都成不了规模，无法进行规模经营。

孟子曰：百亩之田，勿夺其时，数口之家可以无饥矣。孟子的话很符合安马村的情况，安马村仅可以使村民们不挨饿而已。安马村的人均可耕地面积仅有几分地，分布在山间及山坡上，又划分的很小块，能养活现有的人口亦属不易，靠种田脱贫几乎是不可能的。

三 安马村教育情况

安马村只有不完全的小学教育，只到 5 年级。有教学楼 1 座，共计 3 层，有教室 10 余间。村小学位于安马自然屯旁，距离奴图屯也较近，但距离寨全、岑夜等屯比较远，因此寨全屯设立了 1 个教学点（教学点仅 1~2 年级），现在也是小学的分校。现学校有学生 151 人，另有 5 人随父（母）在外面上学。

小学现有教师 10 人，正式的老师 6 人，由财政发放工资；另有 4 人是聘请的老师，由地方（乡里）发放工资。在 10 人中，2 人是大专学历，4 人是中等师范毕业，还有 4 人是中专毕业。

图 3-5 远眺安马村小学（中间树梢处白楼）
（2017 年 4 月）

村小学没有开设外语课程。音乐、美术、体育课都没有专职的教师，全部是其他老师兼职来教。

学校只有 1~5 年级，6 年级的学生要到乡政府所在地去上学，开始住校，一般一周回家一次。镇上距离村里直线距离三公里，但全部是盘山路，10 岁左右的小孩子，每天走山路来回既不现实，也不安全。每周来回的路费要 20~30 元，家里有电动车等的能来接送，要便宜一些，这对村里人来说也是不小的开支，尽管学校吃住有补助，但上学孩子就不能帮助父母做家务，来回还要花费路费，这些都是父母要考虑的。2016 年升入 6 年级的有 20 人，2017 年有 40 人。

虽然是贫困村，但小学阶段，村中孩子一般是能够坚持学习的。现在学生享受"两免一补"政策，补助每生每月是 80 元。

到 6 年级时，学生们要到山外镇上的洋溪乡小学上学，因路途较远，学生都是住宿，一般一周回一次家。现在一般家庭都能够支持孩子上到小学毕业，但村里孩子初中毕业比例就较小学要低一些，虽然有住宿补贴等，但高中后升学或找工作的压力依然存在，使其读书的动力不足，村里孩子高中升学比例很低，进入大学学习的人更少，调研中课题组了解到，目前在读的大专及以上的学生仅有 3 人。

在我们调研的 38 户贫困户中，2 户家中当年有在大专院校学习的孩子，且均为女性。在贫困户家中，升入高中的学生也有，由此可以看出，教育扶贫在村中是有很大作用的。相信他们毕业后，能够有较稳定的工作，其家庭就可脱贫。

第三节　安马村村委会换届情况

2017 年恰逢广西全区进行村委会改选，课题组 4

月入村调研时了解到这一情况，因此第二次入村调研就选在了村委会改选的时候进村，对村委会的改选进行了观察，并由课题组的赵凡博士执笔完成本节的观察报告。

一 安马村第八届村委会选举过程

安马村第八届村委会正式选举日是 2017 年 8 月 24 日，课题组成员是 8 月 23 日到达安马村，第二天观摩了村委会的正式选举工作。正式选举之前的工作情况是通过与村支书和选举指导委员会的成员进行访谈获得的，具体情况如下。

7 月 11 日，安马村召开第七届村民代表会议，推选产生了第八届村民选举委员会，委员会成员共 9 名，其中主任是吴甫良，副主任是吴甫仁安，委员有吴江雄、石保根、秦咏齐、秦老全、吴才发、沈甫吉。会议决定第八届村民委员会换届选举工作从 2017 年 7 月 11 日开始，选举日为 2017 年 8 月 24 日，同时通过了《安马村第八届村民委员会选举办法》。会议还通过了《安马村第八届村民代表推选办法》。根据《安马村第八届村民代表推选办法》，安马村村民代表有 31 名，其中妇女代表 11 名，由全村九个村民小组分别按分配名额选出。

2017 年 7~8 月，安马村村委会进行了换届选举，选出了第八届村民委员会。2017 年 7 月 11 日，第七届村民代表会又通过了《安马村第八届村民委员会选举办法》。村委会的选举工作由村民选举委员会主持，接受村党支部的领导和上级村民委员会选举工作指导委员会的指导。上级村民委员会选举工作指导委员会是由乡党委和政府组织相关人员成立的工作委员会。

第八届村民选举委员会成立后，首先给全体村民发了公开信，通知大家第七届村民委员会任期届满，要进行换届选举。强调村民委员会是自我管理、自我教育、自我服务的群众性自治组织，要求村民以主人翁的态度，正确对待村委会换届选举工作，认真负责地推荐心中干部人选，正确行使民主权利，投好自己神圣的一票。要按照《安马村第八届村民委员会选举办法》中规定的任职资格条件，从文化程度、年龄、性别、能力水平、群众观点、遵纪守法、关心集体等方面进行综合考虑，真正把懂经济、善管理、善经营、能够带领全村群众奔小康的人选进领导班子。然后将《安马村第八届村民委员会选举办法》向全体村民公示。

从 7 月 11 日 9 时至 7 月 18 日 24 时止，选民向村民委员会领取提名表，以书面形式提名初步候选人。

7 月 31 日，村民选举委员会公布了登记选民名单，全村共 1384 人。

8 月 16 日，选举委员会向全体村民公布了初步候选人名单。经选民提名和村民选举委员会审查，共产生村民委员会主任初步候选人 38 人，副主任初步候选人 81 人，委员初步候选人 83 人。

8 月 18 日，选举委员会发布设立投票站的公告，全村共设立 6 个投票站（流动投票箱），分别设在寨全、边四、安马、奴图、岑夜、井板。每个投票站都设有发票员、登记员和监票员。

8 月 21 日，选举委员会公布了正式候选人名单。共产生主任候选人 2 名，副主任候选人 3 名，委员候选人 3 名。

8 月 24 日 7 点左右，在选举委员会统一部署下，正式选举工作在 6 个投票站先后开始。10 点左右，各投票站结束投票后陆续返回村委会办公室，在监委会和村民代表的监督下开始统计票数。经过唱票、计票，选举结果如下。安马村选民人数为 1384 人。村主任选票共发放 1241 张，收回 1233 张；村主任候选人吴家成得票 721 张，吴仕宇得票 495 张。村副主任选票共发放 1241 张，收回 1241 张；副主任候选人吴义光得票 898 张，代新海得票 709 张，兰明进得票 508 张。村委会委员候选人龙现下得票 866 张，吴棉花得票 578 张，兰奶信光得票 854 张。

候选人获得半数以上票数始得当选，所以，吴家成当选村委会主任，吴义光、代新海当选为村委会副主任，龙现下、兰奶信光当选为村委会委员。

二 观摩安马村村委会换届选举感受

经过两天的实地观摩和座谈，课题组了解了安马村第八届村委会换届选举的整个过程。从选举办法和规则上看，安马村第八届村委会换届选举符合《中华人民共和国村民委员会组织法》和《广西壮族自治区村民委员会选举办法》的相关规定。安马村制定的村委会选举办法符合上位办法，选举过程中的各项操作环节也符合规定要求，比如设置秘密写票点等。这一方面是安马村村支部、村委会学习贯彻落实国家政策十分到位，另一方面是洋溪乡设立村民委员会选举工作指导委员会，指导村民委员会的选举工作，保证了村委会换届选举的合法性和有效性。洋溪乡村委会选举工作指导委员会的工作十分繁重和辛苦，特别是在换届年，几乎每天都要到各村里指导换届选举工作。由于各村分散在不同的山头上，距离乡政府十分遥远而且道路崎岖，选举工作指导委员会成员经常天不亮就出发，下村里指导工作。一般是在正式选举前一天到村委会帮助制作选票、选票箱，布置选举会场和计票点、写票处等，在选举当天又全程参与选举流程，保障村委会选举顺利进行。

从选民方面来看，村民参加村委会换届选举的比例很高。全村共有村民2112人，登记参加选举的有1384人。在正式选举当天，部分村民能够按时到达投票站（流动票箱），也有部分村民在家等候，等发票员上门服务。从现场观察来看，村民投票是认真负责、有序的，课题组没发现贿选、霸选等现象。

总的来说，安马村第八届村委会换届选举贯彻了中央和国家关于村委会组织的精神，落实了各级政府要求的选举政策，整个选举过程平稳有序，选举工作指导委员会、村支部、村民选举委员会各司其职，配合默契，保证了选举顺利实施。村民参与热情较高，对选举结果基本没有异议，这是一次成功的换届选举。

在调研中，课题组也发现，在换届选举中未能继续担任村委会职务的部分人员，还是有不满情绪的，但其只是找酒来喝而已，也并没有其他的举动，如向我们这些外人抱怨等。

村委会换届的成功，为村的脱贫工作打下了良好的基础。车要跑得快，全凭车头带，新一届村委会成立，使县乡及村"第一书记"等人员也从选举的事务中脱身，能够更加集中精力开展精准扶贫、精准脱贫的工作。

图3-6　洋溪乡选举宣传栏

（2017年4月）

第四章

安马村致贫原因及扶贫项目效果分析

贫困，按字义理解，是指一种贫穷、困窘的状态。它既可以描述一个区域、一个群体，如贫困村、贫困县、贫困户等，也可以描述一个个体或家庭。精准扶贫要害在精准，首先要对贫困进行有效识别，只有把真正需要扶助的对象从芸芸众生中挑选出来，才能确保宝贵的扶贫资源得到有效配置。

　　识别贫困分为直接识别和间接识别两种，其中直接识别主要是基于营养摄入安全标准，包括摄入营养的数量和质量两个层面，数量主要是解决温饱问题，质量则侧重于营养的健康与否、均衡与否。课题组在调查中发现，安马村村民无论贫困与否已不为温饱问题所困，营养摄入基本都比较均衡。间接识别贫困方法主要是依赖数字统计，从收入水平、支出水平（消费水平）或资产占有量、医疗卫生教育水平等指标来衡量一个个体或家庭是否陷于贫困。依赖这些评价指标，可以一定程度地对贫困者进行精准识别，其中贫困主要分为绝对贫困和相对贫困，绝对贫困又称生存贫困，是指无法维持最低限度生活水准的一种状况；相对贫困主要是指由收入不均衡导致的某些人收入水平低于一定程度时的生活状况。从这种意义上说，贫困是永恒的，即便是发达国家如美国也依然存在贫困，党的十九大报告中提出确保到2020年我国现行标准下农村贫困人口实现脱贫，做到脱真贫、真脱贫。但是，随着我国经济社会的飞速发展，2020年我国相对贫困标准势将进一步提高，故而在我们实现共同富裕的路上，贫困问题也将始终如影随形。

基于课题组的调查与观察，尽管安马村分布较广，部分屯组还在山巅，但水泥硬化公路几乎通到了安马村每一户，家家户户基本实现了"三通"，可以说，全村基础设施改观较大，村民衣食无忧，基本不存在绝对贫困问题。但是，相对于全国人民平均生活水平，尤其是城市居民平均生活水平，相当多的村民仍未跳出相对贫困的范畴，以建档立卡贫困户人口来说，这一比例达到40.96%（865/2112），实际贫困情况或略高于这一统计数据，因为在调查中，课题组发现，相当多的非建档立卡户生活水平与贫困户相比并没有明显的差别，部分非建档立卡户也是曾经的贫困户，因扶贫资源有限而被动移除建档立卡范畴。根据统计，安马村村民的年人均收入不足2800元，比国家规定的贫困线2300元仅略高500元（该标准制定于2011年），结合安马村家庭中小孩、老人、病人占比较大和近年来物价上涨的实际情况，可以说，安马村是整村艰难地挣扎在贫困线边缘。

第一节 安马村致贫原因分析

安马村的贫困是显而易见的，其致贫原因是多方面的，归结起来无外乎制度性因素、区域性因素和个体因素三种类型，其中制度性因素主要是指财富分配、就业政策、财政转移、社会保障等方面的；区域性因素主要是指当地和周边自然条件、社会发展水平等因素；个体因素主要是指家庭或个人身体素质、文化程度、劳动力、生产资料等因素。这些因素与其他贫困地区的致贫因素相比并无特殊之处，在此对安马村村民贫困较为突出的原因进行分析。

一　消极封闭落后的思想观念

课题组调查过程中对此感触尤为强烈。

一是相当多的村民还没有树立起自力更生、劳动致富、知识就是力量的意识，对于如何才能致富还处于懵懂状态，改变人生、改变生活现状的愿望并不是特别强烈。消极思想指引消极行为，课题组在 4 月的调研中发现，安马村村民在家务农比例较高，访谈的 60 户村民中在家务农比例占到 36.67%，部分外出打工的村民主要集中在乡镇县内，出县、出市、出省打工的比例不高（村劳力人数约为 800 人，外出到外省的有 120 人，约占 15%，外出到省内县外的有 505 人，约占 63%），且每年外出打工的时间也不超过半年（外出半年以上的有 240 人，约占 30%），"等、靠、要"的思想倾向比较严重。就地非农化就业可以有效减少异地就业的交易费用和风险，也便于农作，但同时也降低与外界交流、互通有无的概率。

二是课题组注意到，具备普通话交流水平的村民家庭比例不足一半，凡是具备普通话交流水平的家庭状况明显好于不具有普通话交流水平的家庭，而安马村村民习得普通话技能的主要渠道除了当地薄弱的基础教育外，就是外出打工。普通话交流水平越高，打工去的地方越远，家庭状况也越好。这充分说明了走出村是改变生活现状的第一步，而要走出去首先要改变封闭的思想，提高必要的交流技能。

消极封闭的思想观念对于先进的科学技术和管理制度持保守甚至敌视态度，导致现代科学技术手段和先进管理方法无法在传统手工劳动、自给自足的村庄得到普遍性推广与使用，最终导致贫困现象持续甚至恶化。消极的思想观念还可能导致错误的人生路线规划和选择，尤其是面对天灾人祸的时候，缺乏战胜困难的信心、勇气和方法，被动地适应周遭环境的变化，而缺乏主动积极作为，贫困也就随之而来。安马村村民产生消极封闭落后思想的主要原因固然与安马村地处深山、半封闭状态、村民受教育水平有关，也与民族与世无争的文化背景有很大的关系，村民过惯了安贫若素、怡然自得的乡村生活。本来这也无可厚非，但是全球化、市场化、信息化浪潮终将给所有村民带去洗礼，安马村村民如不能转变思维、开放思想、尽快顺应时代的步伐，或将失去提高生活质量、转变生活方式的大好机会。

二　群体综合素质能力不足

一是学界一般从个体的文化水平、专业技能等角度分析其综合素质问题，往往忽视从集群角度分析群体的综合素质，其实从群体视角更能看出区域性贫困的根本原因。显然，群体综合素质能力越高，共同致富的效果越明显，安马村不同屯组之间的贫富差异比较明显就是最好的例证。安马村地处深山，耕地匮乏，高产量的水稻、玉米、红薯在本地的种植面积较少，村民主要的经济作物是茶叶。种植茶叶对村民能力素质要求不高，家庭间协作也相对较少。外出打工的村民主要倚仗的是自身蛮力，技术含量不高，受访者中大多数从事伐木、抬木头等工作，长期从事此类协作要求不高、劳动强度超高的工作不仅导致从事者后期患有严重身体疾病，加深家庭贫困程度，也导致从业者更加孤僻，交流沟通协作能力得不到有效提升。

二是安马村是瑶族、侗族、苗族等多民族聚居的村庄，但由于语言、风俗习惯等障碍，民族之间相互较为独立，往往不同的屯组居住不同的民族，这些民族融合进程较缓，尽管同属于一个村，但相互之间不够抱团，各个家庭总是艰难地独立奋斗在摆脱贫困、走向富裕的征程路上，最终表现为家庭劳动力充足的依托透支未来健康外出打工率先摆脱贫困困扰，而劳动力不足的只能继续在深山老林里从事传统农业耕种活动。

由此，安马村产生了"要想富多生娃"的错误激励机制，据调查，安马村多数家庭有 3~5 个孩子，这些孩子大多处于"散养"状态，没有充分享受到受教育的权利，相当多的孩子止步于义务教育阶段，被迫年纪轻轻就外出务工，这种情况虽然略微暂时缓解了家庭困境，但外出打工大多数仍然从事劳动密集型产业，不能从根本上扭转家庭境遇。同时，在这种错误激励机制下，全村村民的综合素质能力被封锁，改善及提升的概率下降，村民也就缺少独立拼搏的动力和勇气了。

三 支柱产业匮乏

五谷杂粮都要吃才能确保营养摄入的均衡。对于一个地区来说，发展经济不能太偏科，第一产业、第二产业、第三产业都要有，并且分布均衡，才能有效带动区域经济发展，进而形成良性的互相支撑、可持续发展的"造血机制"。

一是安马村脱贫致富的一个重要障碍即本村既缺乏集体经济，也没有有效的外来资本投入。集体经济在部分区域已经被证明是实现整体奔小康的有效经验，但这方面，安马村几乎看不到希望，因为安马村集体资产极度匮乏，不仅基数小，原始投入少，还未得到有效管理与运用。当询问村支书村里集体资产时，竟称村里没有集体资产。经解释，村支书回答称安马村集体资产主要为村委会、鼓楼、戏台等，目前全部归属于村委会管理使用，尚未带来经济上的收益。

二是安马村全村第二产业和第三产业一片空白，几乎所有村民均聚集在第一产业，且是处于第一产业的初级阶段，几乎没有深加工企业。

第一产业劳动投入大，周期长，受自然条件约束较大，附加值还比较低。村民主要集中在传统的种地种茶行业的现实实际上已是最佳选择，一方面，受安马村地理环境限制，畜牧业投入相对较多，且存在瘟疫、丢失等风险，种植茶叶等经济作物投入少、易存活、经管少，乡镇县有完整的茶叶收、炒、售产业；另一方面，周边地区没有适当而又充分的就业机会供其自由挑选，自身能力素质不足以支撑其外出找到收入合适的工作，而务农这类事情协作要求不高、技术要求相对较低。在农业边际报酬递减规律的驱使下，部分村民尝试走出大山，却又丢不下家里几亩地的收成，只能在家门口附近找一些零星的工作来做，由于第一产业的周期性较明显、受气候影响较大，即便是那些鼓足勇气走出去的村民也不得不"三天打鱼两天晒网"，不出工的日子吃住算自己的，平均下来，外出务工的村民手里并没有多少"余粮"，常年如此的经历反过来又逆向激励村民在家务农。

四 "领头羊"稀缺

火车跑得快，全靠车头带。尽管我们常说历史是人民群众创造的，但我们绝不能忽视英雄领袖的作用。第一产业资金投入少，劳动密集，对于安马村来说比较适合，但即便如此，安马村也没有发展起有规模的产业带头人，固然与村民居住分散、民族间杂、凝聚力不足有关，但更重要的是区域资源不足以吸引其他地区人才，而本地又难以成长起具有领头羊气质的人物。

一是据统计，截至目前，安马村大专以上学历的村民仅 2 人，另有 4 人在读，这一比例远远低于国家大专以上学历的平均水平（12%）。

二是安马村各个家庭劳动力多寡不一，劳动力富余的外出打工，年积月累，村民之间也就产生了贫富差距，但是这种差距仍较小，并不存在"质上的飞跃"，贫者并不会因这种差距"羡慕嫉妒恨"，从而"发奋图强"；富者也不会因这种差距就肩负起全村共同富裕的道义，毕竟多出来那部分也都是"汗水钱"。一定范围内的贫富差距是社会前进的动力，但安马村村民中"先富起来的那部分人"显然还不足以带动后富，更不太可能带领全村村民共同富裕。一方面，先富起来的那部分人并不是真正的富，只是靠着售卖劳力、透支未来健康换得的生活相对宽裕；另一方面，先富起来的那部分人能力没有得到村民普遍的认可，其自身也缺乏担负起帮扶全村村民致富的主观意愿和能力。

三是村党委和村委会战斗堡垒作用未得到充分发挥。据课题组观察，安马村缺乏中长期经济发展规划，村党委和村委会有关负责同志更多的是被动地接受乡镇的任务分派，由于集体资产的匮乏，似乎也没有管理的必要性和重要性。上面千条线，下面一根针，基层干部在较低的薪资待遇情况下，往往也没有富余热情和动力去谋划全村的发展问题，能差不多完成上级交办的任务已然算是尽心尽力了。

第二节　安马村当前主要开展的扶贫项目

从世界维度来看，脱贫致富的道路注定是漫长的、曲折的、孤独的、艰难的，位处深山中的安马村村民奔小康的道路更是艰难的，不仅在于安马村所面对的自然环境和社会环境恶劣，更在于其经济发展所依凭的自然资源和人力资源极度稀缺。党中央已经下定决心要在 2020 年全面消除贫困，各级政府都撸起袖子全力以赴，悄然打响脱贫攻坚战。具体到安马村，已经有诸多扶贫项目在这里落地，其中道路硬化（2013~2016年先后投入240万元）、水电入户等基础设施建设项目已经取得显著效果，当前标准宽的水泥路、洁净的自来水和安全可靠的电通到安马村家家户户，仅2016年，各项扶贫措施投入40多万元，村民普遍反映现在的生活比五年前要好得多了，对未来五年的生活也都充满信心。课题组对此感触颇深，调研期间，因深山入户不得不在村民家吃宿，发现村民吃的荤素搭配，营养充足，大山之巅也通马路，相当多的家庭还配备了摩托车、电动车，少数家庭有卡车和小轿车。一部分村民正在建造宽阔的新房屋。

尽管几乎所有村民在调研时均往少了报家庭存款、家庭收入，往多了报家庭开支和家庭负债，但课题组明显感受到村民的生活水平和精神面貌都挺好的。课题组的实际感受充分说明这些年国家对于安马村采用的扶贫措施确实取得了看得见、摸得着的巨大成绩，真金白银确实给村民朋友带去了奔小康的希望，人民群众也是实实在在得到了实惠。但同时，我们还必须清醒地认识到，安马村全村村民整体生活水平和生活质量还亟待进一步提高，党中央"不落下一个人"的扶贫总动员冲锋号已经吹响，国家进一步加大扶贫力度，进一步改进扶贫工作方式方法，进一步精准扶贫，对当前各支扶贫队伍提出了更高的要求。科学合理地评估当前安马村实施扶贫项目的效果是下一步扶贫工作的重要指引，安马村当前正在实施的扶贫项目主要有危房改造、产业补贴、移民搬迁、小额信贷等，几个项目针对的人群不尽相同，但交叉率比较高，主要聚焦建档立卡贫困户。总体来说，各个扶贫项目的实施，确实为一些村民带去了福音，实实在在的真金白银也确实改善了部分村民的生活状况。下文课题组重点点评各项目实施中存在的困难、问题与挑战，以期为今后的扶贫工作提供借鉴。

一　危房改造

危房改造，主要是针对当前居住房屋比较困难、房屋状况不佳的村民，一般是采取修复加固、先建后补等方式进行。申请危房改造必须要经有关部门认定居住房屋为危房。危房改造项目非常贴切安马村的实际，一方面，安马村位于山里，房屋依山而建，多为吊脚楼，以木质结构为主，潮湿的空气加速木头腐烂，年积月累，房屋发生安全事故的概率大大增加；另一方面，安马村所在地区易发泥石流等地质灾害，木质结构房屋遭遇多次灾害后，变为危房的现象比较普遍。

修复加固一般是在原房屋基础上改造基础土木结构为砖石结构，增加房屋支撑，这种方式相对来说成本较低，可以实现花最少的钱改善最多村民的生活。但是，原房屋基础上的修复加固只是增加了村民居住的安全系数，并未给村民实际生活带来颠覆性的改善，村民的获得感、幸福感不足。先建后补主要是指申请危房改造的村民在危房原地或附近先行垫付资金修建符合资助标准的房屋（或按修建阶段支付，一般是项目动工后预付 30%，主体工程完成后支付 50%），待有关部门验收通过后，按一定标准核发补助。先建后补有效避免了部分村民收到补助后花销无度，导致后续无法建设起符合验收标准的房屋，致使扶贫目标落空。但是，采取这种方式也变相提高了申请危房改造的门槛，毕竟能筹措到足够资金建造房屋的村民本就不多，尽管后期补助金（最高 3.2 万元）能覆盖总成本的 50% 左右，申请这种方式的多为有一定积蓄，且人脉资源还不错，帮扶措施拉一把就能迈过贫困线的人群。同时，采取这种方式在一定程度上一定时间内降低了村民的生活质量，一方面，村民因建房花掉原有积蓄，大多又是亲自施工监工，不能外出打工，收入减少，只能节衣缩食；另一方面，筹措的建房资金成为压在村民心头上的重负，而建设周期相对较长，加之补助审批发放周期较长，这一重负如鲠在喉、重担压肩。

图 4-1　安马村百年的老房子（现仍住一个孤老，贫困户）

（2017 年 4 月）

在课题组调研期间，正好有一家享受了修复加固的危房改造待遇，另一家申请了先建后补的危房改造。申请修复加固的村民原生活水平虽然没有显著提高，但没有因此而下降，反而比申请先建后补住新房的村民心情更愉悦。故而，课题组建议，适当放宽危房认定标准，扩大受益面，积极鼓励村民申请修复加固方式的危房改造，力争用最少的资金帮扶最多的村民，资金确有富余，可以着力改善房屋周边实用性较强的基础设施，比如沟渠、厕所、垃圾站等。

二 产业补贴

三江县实施了 2016~2020 年"两茶一竹""稻田养鱼"的产业发展政策，根据该政策，只要参与的家庭均可获得补贴，只是非贫困户相对贫困户补贴门槛稍微高一些。安马村部分村民积极响应，积极种茶、养鱼，但由于稻田养鱼投入成本相对较高，遗失、死亡等风险系数高，加之稻田稀缺等情况，安马村村民主要参与的是种茶、种油茶两项。根据三江县产业政策，补贴分为一次性补贴和按年补贴，一次性补贴主要是按照新种植或改造面积进行补贴，一般为每亩数百元，如坡改田的新种植茶叶可以按照1800元每亩享受补贴、稻田养鱼田基硬化22元每米、新种植毛竹500元每亩；按年补贴种植茶叶、油茶、毛竹、柑橘的面积进行补贴，约95元每亩。此外，还有其他养殖副业补贴政策，比如养一头牛补贴2000元，养一头猪补贴600元。但享受产业项目补助每户不超过9000元，事实上每年村民真正拿到手的补贴有几百元至1000元，2016年全年全村村民获得养牛补贴4万元、养猪补贴3.3万元。

三江县"一乡一业""一村一品"的产业发展模式和发展思路非常好，确实有助于各乡、各村结合各自实际，发展支柱产业，形成规模效应，在一定程度上缓解了周边地区的同质产品竞争。产业补贴的手段传导了"按劳分配"价值理念，在一定程度上激励了村民劳动致富，但同时，这些产业主要还处于发展初级阶段，并且相对来说比较分散，产业化、规模化、集约化效应严重不足。此外，该产业补贴政策从申请、公示，到改造、验收，再到补贴资金审核、发放，环节较多，周期较长，实施成本较高。从申请补助和发放情况来看，安马村村民参与该项产业政策的比例并不高，村民直接受惠金额也不多（2016 年各项产业政策及低保等总计约 40 万元，平均每户 860 元，如果平均到每人才 189 元），没能充分挖掘安马村村民的潜力。谋求安马村整村脱贫绕不开产业经济的支撑，但是不改变安马村村民当前生产方式，很难发展起高效的产业经济，"集中力量办大事"或许是一个解决方案。在保持现有政策不变的情况下，政府资助，选取合适领头人物，成立专门收购或加工茶叶的公司或者合伙企业，转变村民劳动力组织方式，通过严格的现代化企业管理，整合地区力量与资源，一方面，实现规模化、产业化，甚至生产方式的机械化等。另一方面，实现村民家门口就业，变农民为工农一体，根本性改善农民生活。

稻田硬化项目实际上是针对产业政策而产生的专门项目，为了让稻田更适合养鱼，避免雨水冲垮田坎，鱼苗流失，同时也改善乡村小路，三江县科协选择安马村进行了专项资助（见图 4-2）。2017 年资助金额 12 万元，修建了约 200 米水渠，改造了田埂硬化约 50 亩（受益群众 20 户，其中精准识别贫困户 12 户），同时，向 183 户村民发放了本地鱼苗。

图 4-2　田埂硬化水泥搅拌现场

（2017 年 4 月）

注：在三江县科协资助项目施工中，以女性村民为施工主力。男性村民为 3 人，分别负责水泥搅拌、砌砖和抹灰等技术性工作。

三　易地搬迁

安马村所在地，属于深山、石山、高寒等生态环境脆弱、生存环境差、地质灾害严重、贫困程度深、基础设施条件较差的地区。2017 年 8 月课题组调研期间，安马村还曾发生一定规模的泥石流。针对这一现状，三江县实施了易地扶贫搬迁政策，主要针对建档立卡贫困户，其他农户也可参与，但补贴标准略低。同时，享受过危房改造或库区移民搬迁补助的村民不能再享受。主要的补贴标准是以户为单位，按人均不低于 2.4 万元进行补贴，人均住房不超过 25 平方米。主要的搬迁安置方式有村屯集中安置、县城集中安置。简单地说，建档立卡贫困户自筹资金 1 万元（人均不超过 2000 元）即可住相应标准的新房。

"易地扶贫搬迁，从源头斩断贫困之根，使乡亲们彻底告别因自然条件恶劣和偏远闭塞导致的贫困。"国家既出钱又出房，村民可以彻底摆脱深山老林的困扰，到地势平坦或者县城里发展，按理说，这一政策应该很容易推广实施，但实际上并不理想，据统计，安马村申请易地搬迁的仅 46 余户 193 人，仅占全村 10% 左右。课题组采访中得到的主要理由有四方面，首先，大山中的村民不愿离开祖辈生活过的地方，深山里生活恬静、安逸，过着踏实，不愿脱离家族式聚居所带来的熟人关系和邻里关系；其次，部分村民凑不齐自筹那部分钱款；再次，村民担心到城镇需要购置所有的生活资料和生产资料，没有谋生之道，生活成本高，不能在城镇扎根；最后，该政策推倒旧房屋、收回宅基地的附加条件让部分村民望而却步，担心未来生活没有着落。村民的担心与顾虑并非完全由于短视，如果易地搬迁的配套措施不能及时跟上，村民谋生能力没有得到有效提升，即便是进了城，也仅是转变了贫困身份而已。

同时，该政策在实施过程中还存在政策排斥、资本排斥、信息排斥方面因素导致的"搬富不搬穷"的现象，故而移民搬迁需要特别注意兼顾效率与公平。

四　小额信贷

在课题组调研过程中，村民和扶贫干部多次强调村民贫困的主要原因之一是缺资金。解决资金困境无非财政转移、社会捐资救助、引入社会资本等，财政转移和社会捐助毕竟是有限的，缺乏资金的问题还得从市场入手。但贫困村历来是社会资本所嫌弃的投资领域，一方面，部分村民得到一笔资金也不能有效地增值保值，村里常常出现村民拿这笔钱酗酒、赌博、无度挥霍等情形，无法偿还本金的情况时有发生；另一方面，扶贫的公益性导致资本很难从贫困村获得与社会其他领域投资相当的收益。也就是说，投资到贫困村的资金是高投入、高风险、低收益的，在这种情况下，任何理性的投资人都不会贸然进入。村民严重缺乏资金与资本高收益、低风险诉求之间矛盾似乎是不可调和的，课题组在安马村了解到三江县的新探索。

由三江县政府遴选了几家优质的国有企业，由贫困户以免抵押、免担保的方式向银行申请小额信用贷款，每户最多5万元，期限三年，这笔款进入贫困户个人账户后再直接划归国有企业，由该国有企业向贫困户按年化8%的利率支付利息，到期后企业将本金还给贫困户，再直接进入银行账户。贫困户向银行申请贷款享受优惠利率，政府对这部分利息进行贴息，相当于申请贷款的贫困户每年获得无风险收益4000元。三江县共计划了1.2亿元总放贷规模，遴选了包括三江县电力公司在内的4家公司，每家限贷3000万元，计划2016~2017年覆盖全县贫困户。2016年，安马村村民对这一政策普遍持观望态度，仅3户申请了小额贷款。当看到确实可以拿到4000元无风险收益后，2017年安马村有76户申请了贷款，然后将款项转给政府遴选的企业使用。

从实际效果出发，贫困户每年获得了实实在在的4000元收益，并且没有承担风险；企业获得了相对廉价的流动资金，8%的资金成本并不算高，企业再扩大规模，提供更多就业，经济效益提升；银行在几乎没有呆账坏账风险的情况下，实施了大额放贷，履行了社会责任；政府用小钱撬动大钱，让贫困户获得了实实在在的实惠，有力地推动了扶贫工作。但同时，我们必须要看到，这期间也是存在一定问题的，首先，贫困户申请的是小额信用贷款，贫困户将这笔钱用于放贷是否存在制度障碍；其次，如果企业出现经营问题等风险，不能按期偿还本金，贫困户将不得不背负相应的债务。

第三节　安马村当前扶贫举措中存在的问题及困境成因

正在安马村实施的多项扶贫措施总体来说取得了巨大的成绩，实现了很好的效果，人民群众的获得感、幸福感普遍增强。但是，课题组通过梳理安马村多年来的扶贫措施发现，安马村迟迟不能摘掉贫困村帽子的根本矛盾并没有得到根本性解决，可以预见，安马村要在 2020 年全面消除贫困还存在重大挑战，一方面，针对安马村的政策、制度还不够深入、全面，在兼顾效率和公平的同时，应充分发挥社会保障制度作用，有效遏制因病致贫、返贫情形的发生；另一方面，村民的思想还没有根本性转变，劳动致富、自力更生、知识改变命运等理念还没有扎根，改革和开放的愿望还不够强烈，自身综合能力与改变命运所需要的素质之间的矛盾依然制约着村民。具体而言，课题组认为，安马村当前的扶贫措施还存在几个方面的问题。

一 扶贫与扶志没有有效统一起来

贫困并不可怕，贫困是可以通过后天努力改变的，很多当今的富翁都是源于贫民窟，很多重要岗位的人员也都来自深山。所谓"强者自救"，一个陷入贫困的人首先要有强烈改变现状的主观愿望，再将意志转化为行为，不断地努力，锻造适应社会需求的技能，提升自身综合素质，当机会来敲门的时候，才有可能把握机会，实现翻身。主观愿望越强烈，意志转化为行动越彻底，外部的扶贫措施效果才会越好。当前针对安马村的扶贫措施大多是基础设施建设方面的，在整村文化建设、自力更生宣传等方面严重不足，导致很多贫困村民越扶越贫，其肯綮在于村民自身没有树立远大的志向，还满足于解决温饱问题，甚至因国家的一些资助补贴而沾沾自喜。在课题组调研中，村民几乎不约而同地往少了说家庭收入，这一现象或许有"财不露白"的文化传统影响，但更多的是借此希望能享有或继续享有贫困户待遇，丝毫没有作为贫困户的愧疚或羞愧感。

其次，扶贫与扶智没有有效统一起来。知识不能通过先天遗传，而必须通过后天习得。有研究表明，从群体角度讲，一个地方的人与另一个地方的人之间的平均智商并没有显著区别。但是，知识获取渠道、获取方式与知识本身质量的不同会严重影响人们应对社会复杂挑战的能力。智力的提升需要庞大的知识储备作为基础，缺乏知识储备，就好比崭新的移动硬盘，尽管储存能力极大，却没有多少东西可供调阅、使用。尽管安马村在诸多条件上不甚优渥，但也存在一些得天独厚的自然条件，没有先进的科学技术知识做支撑，安马村就是坐在金山上，也不能将金山转化为面包。据课题组观察，当前我国信息化建设如火如荼，但安马村村民知识获取渠道仍然比较单一，尤其是在获取一些时效性短、质量高的知识方面，主要通过宣传栏、电视、手机（大多不是智能机）等实现，互联网还远未普及。知识改变命运、知识就是力量，这绝不是口号，而是实实在在的人生写照，安马村当前的扶贫措施大多是在财力、物力上予以支持，而严重缺乏提升村民知识文化水平的举措，尤其缺乏融入现代社会的知识，比如主流交流语言、互联网使用知识等。

二　扶贫与扶才没有有效统一起来

毋庸置疑，人才在地区经济社会发展中占据主导地位，按人才类型，主要分为技术性人才和管理型人才。技术人才管具体工作，管理人才管总体规划，相互支撑。从目前安马村的情况来看，安马村处于人才极度匮乏阶段，既没有本地成长起来的人才，也没有外面引进的人才，人才的匮乏导致安马村发展严重滞后于时代的发展变化，甚至落后于周边村落。人才的培育与引进都需要付出成本，并需要时间的沉淀与积累。安马村也存在一些经受社会洗礼的村民，但与人才的标准还有一定的距离，还需要更多的实践锻炼。据课题组了解，安马村的大专及以上学历村民人数仍停留在个位数，严重滞后于时代发展的需求，既有的扶贫措施也没有与人才培育有效结合起来。

上文系统梳理了安马村精准扶贫遭遇的一系列困境。那么，这些困境产生的根源到底何在呢？一种比较有代表性的观点认为，精准扶贫在实践中出现问题的主要原因在于：农民的社会流动、自利性和信息的缺乏，精准扶贫的内在矛盾，维稳工作的优势地位，结构性贫困的挑战，驻村扶贫干部的双重身份和扶贫资金筹集渠道的单一等①。然而，课题组以为，上述归因实际上仍停留在表面阶段，并有陷入用精准扶贫的一些困境解释另一些困境的套套逻辑陷阱之嫌。

课题组认为，用潜功能理论或许能较好地解释上文提出的一系列困境。潜功能概念是美国社会学家默顿提出的一种与显功能相对的分析性概念，具体而言，"指某一具体单元(人、亚群体、社会系统和文化系统)的那些有助于其调适并且是有意安排的客观后果"②。而潜功能则是"无助于系统调适、系统参与方无意图的、未认识到的客观后果"③。换句话说，显

---

① 葛志军、邢成举:《精准扶贫：内涵、实践困境及其原因阐释——基于宁夏银川两个村庄的调查》,《贵州社会科学》2015 年第 5 期。
② 〔美〕罗伯特·默顿:《社会理论和社会结构》,唐少杰、齐心译,凤凰出版传媒集团, 2008, 第 145 页。
③ 〔美〕罗伯特·默顿:《社会理论和社会结构》,唐少杰、齐心译,凤凰出版传媒集团, 2008, 第 145 页。

功能即一定社会之成员有意识地要达到的结果，亦即可预期的、可观察的功能。潜功能即一定社会成员无意识的、未预料到的结果。进一步，潜功能不像显功能那样容易觉察，往往要过一段时间才能发现。甚至有时当一事物不存在了，人们才发现它曾经完成某种潜功能^①。

回到精准扶贫上来，可以看到，精准扶贫是我国在自 20 世纪 80 年代中期以来的地区扶贫模式取得了一定成绩基础上，针对地区扶贫中存在的一系列问题——偏离目标与效果下降等，创造性地提出的一种新策略。它的意图是针对真正的贫困家庭和人口，通过对贫困人口有针对性地帮扶，从根本上消除导致贫困的各种因素和障碍，达到可持续脱贫的目标。它的主要内容包括：贫困户的精准识别和精准帮扶，扶贫对象的动态管理和扶贫效果的精准考核。由于目标明确、思路清晰，精准扶贫在我国现阶段各地实践中纷纷取得了显著的效果。

然而，正如潜功能概念指出的那样，从事物发展规律来看，一种事物既可能达到人们有意识想要达到

---

① 何星亮：《文化功能及其变迁》，《中南民族大学学报》（人文社会科学版）2013 年第 5 期。

的目的，也有可能产生人们未意料到的不以其意图为转移的客观后果。精准扶贫在三江安马的实践即充分说明了这一逻辑。如上文所言，调查中被访问的村民90%以上都认为国家扶贫政策是好的，扶贫工作人员也对精准扶贫的大政方针极其赞成和拥护。但是，好的政策在具体施行中却出现了为了达到更好效果而不断修改，因修改又造成实践上的非连续性与不稳定性的后果。不仅如此，三江精准扶贫由县、乡与村委会三级干部群体共同参与推进设计，意图也是更有效地开展工作，但其未意料到的后果则是多级干部权、责利不清以致工作表面化。最后，扶贫考核之所以设计得严苛，其目的也在于督促工作人员认真严谨完成任务，但部分指标脱离了实际，造成了工作上的形式主义。

同样，村民遇到的困境背后也间接隐藏着潜功能的逻辑。村民们由于所处环境闭塞，便不重视教育与技能学习，不掌握语言与书写能力，这些行为不以其意图为转移地造成了他们无法外出打工、缺少资金等问题，也导致他们无法充分利用扶贫政策改善自身环境，相反却陷入要么等、靠、要，要么相互激烈争夺有限资源以致社会网络分裂的恶性循环。

总而言之，要充分理解精准扶贫困境背后的真正原因，我们必须从其潜功能入手给予透彻解析。可以说，正是精准扶贫在实践中产生的不以人的意志为转移的、非意图的、非预期的后果，导致前述一系列的问题。

第五章

扶贫脱贫对策与建议

以上章节中我们已经围绕安马村详细描述了当地的精准扶贫精准脱贫的实践及其不足之处，也分析探讨了之所以产生这些不足的主要原因。本章将针对安马村扶贫脱贫实践中出现的问题，集合课题组集体的智慧，提出一些具体的对策与建议。

第一节　换脑筋：解放思想与转变观念

　　经过改革开放近 40 年来的发展，即使像广西三江安马村这样地处大山深处的村庄，也已经完成了全面实现温饱的历史任务。在课题组 2017 年 4 月和 8 月的两次调研访谈中，即使访问到的最贫困家庭，在最近 5 年也从未有一家发生过吃不饱、穿不暖的情况。这正如党的十九大报告所指出的那样，"我国稳定解决了十几亿人的温饱问题"。①

然而，由于我国东西部发展的不平衡，以及自然、地理与历史等多种原因掣肘，相比东部地区城乡人民，广西三江安马村村民的生活水平依然不高，仍有相当一部分家庭按全国标准衡量，属于贫困家庭。因此，面对党的十九大报告提出的"决胜全面建成小康社会"的重任，我们认为，首要也是极其重要的关键一步是在当前我国特色社会主义进入新时代之际，继续解放思想，转变观念，抓住历史机遇，实现全面脱贫，从而"全面建成小康社会"。

我们之所以认为未来广西三江安马脱贫的首要和关键在于继续解放思想、转变观念，是因为，从理论上讲，马克思主义认识论认为，人的思想与观念虽然最终来源于实践，但是由于意识具有的能动作用，人

---

① 《中共十九大开幕，习近平代表十八届中央委员会作报告（直播全文）》，中国网，2017 年 10 月 18 日。

的思想与观念反过来又能指导实践，从而成为行动的先导和动力。通俗来讲，人们无论做什么事情，都是先有思想与观念，后有行动。有正确的思想与观念才有正确的行动，有积极的思想与观念才有积极的行动。同样，毛泽东在《论持久战》中，对思想与观念的能动作用也做出过这样的明确阐述："一切事情是要人做的，……做就必须先有人根据客观事实，引出思想、道理、意见，提出计划、方针、政策、战略、战术，方能做好。思想等等是主观的东西，都是人类特殊的能动性。"①

　　而从实践上来说，自中国共产党成立以来，每当遇到发展道路上的艰难险阻，面临生死存亡的关键时刻，我们总是通过解放思想，做出正确抉择，冲破一道道难关，迈向新的征程，开拓了革命和建设事业的新境界。在中国革命的进程中，"左倾"冒险主义，一度使革命力量遭受巨大损失。以毛泽东为代表的中国共产党人解放思想，转变观念，正确分析了当时的形势，开辟以农村包围城市、最后夺取全国政权的革命道路，终于取得了中

① 《毛泽东选集》（第 2 卷），人民出版社，1991，第 477 页。

国革命的伟大胜利。在改革开放这个决定中国命运的关键时刻，以邓小平为代表的中国共产党人，以极大的政治勇气，号召全党全国人民解放思想，实事求是，团结一致向前看，及时拨乱反正，把全党的工作重点转移到社会主义现代化建设上来，将党领导的社会主义事业引向了健康快速发展的道路。当绝大多数人还处于高度计划经济的思维定式下思考和处理问题、把商品经济特别是市场经济视为洪水猛兽时，新一代领导人以高超的政治智慧，引导大家正确认识了商品经济和市场经济的本质含义。所以，中国革命、改革开放与中国特色社会主义市场经济建设的历史实践告诉我们，解放思想、转变观念是我们找到正确方向、战胜一切困难的法宝。

正因如此，可以说，在当前中国特色社会主义建设进入新时代，全面决胜小康社会进入最关键的时期，只要我们继续坚持解放思想、转变观念，我们就一定能突破全面脱贫道路上的一道道难关。

具体而言，课题组认为，广西柳州三江安马村的干部与村民应该在下列几个方面继续解放思想与转变观念。

一　要在转变固有思维与生活方式上解放思想

安马村民自清朝以来就居住生活在现在的半山腰和山顶上，虽然现在已实现了村村通电、通水、通路、通手机信号，但是至今仍有许多村民尤其是女性村民从未踏出过安马所属的洋溪乡，还有相当大一部分中老年村民至今仍无法用本民族以外语言（尤其是汉语）进行交流，甚至一些瑶族村民听不懂另一些侗族村民的语言。与此同时，在课题组访谈中，有很多村民仍沉溺于山村穷苦但悠闲自在的生活方式，他／她们不愿甚至是害怕与外界接触。越是这样，他／她们越因循着传统的卫生与保健方式，很多男性酗酒成性并以之为荣，一些老人特别是女性不断被这样那样的疾病所困扰，每年治病花费不菲。这样一来，即使安马村民生产了好的茶叶、茶油和其他物品，也有着自然天成的优美自然环境与水土、空气等，但由于一方面无法通过市场进行交易，另一方面因为闭塞而与外界缺少有效联系，加之看病花费不菲，以致安马现在仍有不少贫困家庭。所以，未来安马村民要全面脱贫，第一步就要转变陈旧落后的思维与生活方式。

第五章 扶贫脱贫对策与建议

二　要在着眼长远筹谋规划方面解放思想与转变观念

这就要求安马村民首先应该转变一些急功近利的思想与观念，不要以牺牲现在安马村落自然天成的优美自然环境与水土、空气等资源，以砍伐山上已经长了上百年的树木与成片的竹林等为代价，求得一时的经济利益。其次，应该改变不重视教育以及轻视女性的思想与观念，课题组调查发现，有近60%的家庭在小孩上完小学后就不再支持其继续上中学，尤其是女孩子；35%的家庭能够勉强支持小孩完成初中学业，而即使在这一小部分中，也仅有1/3的家庭的小孩能最终毕业；只有5%的家庭选择在小孩初中毕业后送其到位于县城的高中或者其他职业学校继续接受教育。由此可见，安马村民亟须在孩子教育上转变观念。最后，安马村民还需在建房与土地规划方面转变思想与观念。我们了解到，在安马村是没有房屋土地规划的，村里建房用的宅基地指标多年前已经用完，至今没有调整。但很多村民家庭到了自己孩子该结婚成家立户的时候，必然要盖新房，然而因为村里已经没有了宅基地指标，所以村民就在自己承包的土地上建房子，乡镇国土所等部门根本管不住。因缺乏平整的土地，村民的房屋不是建在山坡上，就是建在山边上，有的房屋半悬在空中，下面用木桩、竹子、石头等支撑，这样的房屋若遇到较大的泥石流等自然灾害，结果可想而知。所以，针对这种情况，上级政府部门与村民们必须及时反思与调整相应的建房土地规划政策与措施，以使村民们新建房屋时有宅基地可以申请，而不是违法占用农地。进一步，有了土地规划，还可以事前引导农民，尽可能利用能够建房的地形起居盖屋，从而避免可能遭遇滑坡泥石流等自然灾害的风险。

三　干部要在相信群众方面解放思想与转变观念

我们党革命和建设社会主义的实践已经充分证明，群众是真正的英雄，人民群众的智慧是无穷的，只有团结依靠群众，我们的事业才能取得成功，什么时候脱离了群众，我们的事业就会遭受挫折。党的十八届三中全会决定同样指出"坚持以人为本，尊重人民主体地位，发挥群众首创精神，紧紧依靠人民推动改革……"① 因此，安马村全面脱贫、实现小康必

第五章

扶贫脱贫对策与建议

---

① 《十八届三中全会闭幕审议通过〈中共中央关于全面深化改革若干重大问题的决定〉》，新华网，2013 年 11 月 12 日。

须充分调动与发挥村民的主观能动性，并且依靠他们自身找到真正可持续的发展路径。

四　村民与干部们要在克服经验主义与教条主义方面解放思想与转变观念

如前所述，自改革开放以来，安马村民在党的领导与各级政府部门带领下，取得了过去难以想象的发展成绩，全面实现了温饱，在此过程中，也积累了一些有成效的经验。但我们要清醒地意识到，在取得成功的同时，一不小心，就容易犯经验主义的错误。譬如，把过去的成功经验看成亘古不变的绝对真理，思想封闭僵化，拒绝改革创新，尤其是不愿随着时间的变迁而放弃已经与新形势不相适应的经验做法。在犯经验主义错误的同时，人们也容易出现教条主义的危险，特别是在干部队伍中。例如，对外省、外市、外县或外乡的成功经验盲目崇拜，不顾当地实情的差别而生搬硬套。所以，当下之际，无论是对于自身的成功经验，还是对于外地的成功经验，我们都应采取辩证唯物主义的态度，批判地继承和学习借鉴。做到如决定中要求的那样，"坚持解放思想、实事求是、与时俱进、求真务实，一切从实际出发，总结国内成功做法，借鉴国外有益经验，勇于推进理论和实践创新"。[①]

第二节　夯基础：保障农副业、牢固领导与 稳定乡村

如果说人的思想与观念能够指导实践，从而成为行动的先导和动力。那么，在解放思想与转变观念之后，就需要脚踏实地地具体问题具体分析，根据当时当地的实际情况制订计划、开展工作。广西三江县是一个典型的以农业、林业等为主导的西部县份，工业基础差、发展落后。洋溪乡则离县城 38 公里，"有水田 8884 亩，年产稻谷 285 多万公斤。旱地 1975 亩，荒地 31800 亩。产杉、松、栎等木材和柴炭"。[②] 安马村又是一个位于洋溪乡政府驻地北面 6 公里处半山

---

① 《十八届三中全会闭幕审议通过〈中共中央关于全面深化改革若干重大问题的决定〉》，新华网，2013 年 11 月 12 日。

② 三江侗族自治县县志编纂委员会：《三江侗族自治县志》，中央民族学院出版社，1992，第 63 页。

腰及山顶处，距县城直线距离39公里的村。所以，安马村在未来的关键几年要实现全面小康，必须实事求是，在保障农副业、牢固党和各级政府部门领导与稳定乡村三方面奠定比现在更加坚固的基础。

一　保障农副业

安马村委会辖寨全、边四、安马、奴图、岑夜、井板6个自然屯9个村民小组。全村耕地面积873.46亩，其中，水田688.36亩，旱地94.9亩；林地面积8006亩。经济以农、林业为主，主种水稻、油茶、杉树等，特产有茶油、糯米、禾花鱼、茶叶、高山鱼稻。[①]

从以上数据不难看出，最基础的水稻种植，配合稻田里养的禾花鱼，再加上靠山吃山种植经营的茶叶、出产的茶油，砍伐出卖的杉树等，构成了安马村民解决温饱、安身立命的基础。因此，任何扶贫和发展措施，都不能忽略这一基本事实。

那么，在不忽略上述基本事实的前提下，安马村还要继续做些什么呢？

①　以上数据由广西三江侗族自治县扶贫办提供。

（一）需要继续大力加强基础设施建设

虽然在 2014 年 12 月 26 日，贵广高铁广西境内西起的第一站——三江南站就已开通，而且三江县内还有桂（林）三（江）高速、三（江）柳（州）高速横穿境内。但高铁和高速公路的修建与开通对洋溪乡安马村而言仍是远水不解近渴。就在课题组从县城去往洋溪乡的路上，38 公里的路程驾车竟然走了两个多小时，其间很多路段要么狭窄无法让车，要么坑坑洼洼行进极慢，在个别路段，山上冲下的泥石几乎阻断了公路，当地人反映，再多下几天雨，可能从山上冲下的泥石流就会完全阻断交通，那样，就必须等到县里派来的公路维护人员清理后，交通才能恢复。而到了洋溪乡后，还得驾车在九曲连环般的乡间公路蜿蜒上行，最远的自然屯起码还要一个小时才能到达。同样，一路上从山上冲下的泥石连绵不断。由此，不难得出需要继续修建和完善路网的结论。而且，修好公路也十分有利于安马村利用当地自然风光发展乡村旅游，开办农家旅馆；还有利于村民外出就学、就医、打工与做生意。

在修建完善安马通往外部世界的基础设施之余，

安马村内部也需要大力加强农田水利基础设施的建设。一方面，安马村民和干部总是反映缺少可耕种土地是其主要致贫因素之一；另一方面，只要在安马村的田间地头走一走、看一看，就能看到年久失修的蓄水池，将一根根大碗粗的竹子一剖为二、掏空后接在一起做成的引水工具，以及泥土流失不可再用的茶树地等。可以说，安马的农田水利设施亟待大力建设。

（二）需要筹谋规划好农、林、渔等农副业之间的比例，实现稳定的可持续发展

在安马，各屯与自然村土地已经固定，这是无可更改的事实。在这一事实下，我们发现，较富裕的家庭都是在稳固水稻和其他农作物种植的情况下，精心经营好种茶、生产茶油等副业，才根本告别贫困的。相反，那些由于各种原因（如主要劳动力罹患大病等）没有经营好副业，农业也很平常的家庭，基本上是这几年扶贫的主要对象。

（三）不能为暂时经济利益而以破坏村落优美自然环境与清洁、干净的水土为代价

在调查中，不仅课题组发现一些山林隐蔽之处有

各式各样的塑料、泡沫、合成木材等城市垃圾，也多次听到一些村干部和村民说，村里有一些人主要是年轻人，受雇把城市里的一些垃圾用车子转载回村，随意丢在一些茂密山林背后。为此，即使是当地村民，也都意识到这是在以"子孙的幸福"为代价谋取少数人暂时的私利。

二　牢固领导

课题组 2017 年 8 月调查期间，正好遇到安马村委会和各小组的村干部换届选举。至今依然清晰地记得，8 月 23 日 6：30，当我们迎着有些清冽的山间冷风到达安马村安马屯时，安马屯的小组长早已经走遍了方圆 3 平方公里的村中各户，告知他 / 她们到村中小广场来投票。课题组一到达，小组长就热情地招待我们喝茶油、吃糯米饭作早点。之后，当课题组找不到抽样选出的农户后，他又不辞辛劳带我们走村串户。中午，因为疼惜课题组做了一早上的问卷访谈，他又额外用摩托车专门把我们载到村委会吃午饭。晚上，乡里和村委会干部早已各自回家时，他又主动邀请课题组成员在他家"凑合"一晚。晚上，不仅在他家吃到了美味的特色菜肴，还甜甜美美地睡了一觉。

无独有偶，第二天课题组离开安马屯到奴图屯做问卷访谈时，同样得到了奴图小组长的热情帮助。不仅如此，课题组还感受到村民对我们的淳朴感情。中午，课题组访谈完一家非贫困户后（客观而言，课题组的访谈对他们帮助不大），户主和他妻子强烈请我们在他家吃一顿"家常便饭"。而课题组每访谈一户，他／她们必然把家里的好茶泡给我们品尝。晚上，当我们正愁没车下山时，奴图小组长又不期而至，安全地把我们送下了山。

之所以详细叙述这些细节，是想说明，安马未来的全面脱贫和决胜小康离不开国家、广西壮族自治区、柳州市、三江县、洋溪乡各级政府部门的英明领导，更离不开安马村委会与各村小组干部的强有力带领，以及真抓实干的细致工作。

所以，安马村未来不能丢失已经形成的优良的村两委带领下，各村小组长、支部书记以及党员共同配合协作的工作作风与传统，进一步加强两委对全村事务的管理，充分发挥基层党支部的战斗堡垒作用。不仅如此，安马村未来还应更加重视基层队伍的建设，一方面，要保证村干部队伍的稳定。另一方面，应大力发掘、培养与使用年轻人，形成一种良性循环的干部队伍建设机制。

三 稳定乡村

稳定乡村、牢固领导与保障农副业实际上是安马村未来持续发展不可或缺的三角基础之重要一角。访谈贫困家庭时，一个典型的事实是：举凡最近五年陷入贫困的家庭，要么是因大病贫困，要么是有子女上学支出大而贫困；也有少数家庭则是由于遭遇各种灾害贫困。

目前，维护安马稳定的最重要政策是医保和养老保险。在安马村各小组，普遍实行的是：村民无论老小必须参加新农村合作医疗保险，是否参加农村养老保险则自愿决定。虽然这些政策在一定程度上给村民带来了以前无法想象的医疗与养老保障，以致我们访谈中，一些村民认为自己未来并不一定需要家中子女养老，他／她们尤其是身体健康者已经在期盼着未来能通过养老金度过晚年。

但是，上述的医疗与养老保障一旦涉及另一些村民时，就会显得远远不够。因为，一旦村民家庭中有长期生病或重大疾病患者，特别是这样的患者还是诸如男性户主的家庭，不仅家庭会失去最主要的收入来源，而且为了早日康复，还不得不向亲戚朋友各处借钱，由此导致债台高筑，长期下来，甚至富裕家庭也会重新返贫。另外，由于安马村目前还没有正式的诊所和医生，乡里卫生院一旦遇到较重病患，就会要求村民转到三江县城和柳州市的医院。而如上文所言，一方面，从安马村到县里必须花费两个多小时，另一方面，到县城特别是柳州就医，报账时必将头绪烦琐，并时常遭遇各级部门踢皮球互相推诿的情况；再加上一些村民本就害怕走出村落范围。所以，少数村民宁愿忍受疼痛和折磨，也不出外就医。如此循环下去，病患就越拖越重，家庭也越发陷入贫困。

正因如此，安马村若未来要实现稳定发展，必然要求各级政府与医疗事业单位通力合作，确实提高新农合补偿和医疗救助水平；积极实施大病保险补偿机制，对全县参合的大病患者进行二次补偿，并实行及时赔偿，从而有效减轻农村大病患者经济负担；同时，全面开展新农合村级门诊补偿工作，有效缓解群众看病难问题。

第三节 "引进来"：资金扶贫、项目扶贫与技术扶贫

　　缺资金、缺项目、缺技术是安马村干部与村民一旦谈到安马贫穷落后面貌时，必然脱口而出的主要原因。即使是在整个三江县内，根据扶贫办提供的资料，"截至 2016 年 12 月 31 日，三江县扶贫资金投入总额 29216.75 万元，目前完成资金支出 28598.057 万元，财政专项扶贫资金执行进度达 97.88%"。[①] 对于一个有 15 个乡镇，每个乡镇平均 7~10 个村委会，每个村委会起码有 2~9 个屯或自然村的县城而言，上述资金投入可谓杯水车薪，由此可见资金扶贫、项目扶贫与技术扶贫的必要性与紧迫性。

一　资金扶贫

　　实际上，自 20 世纪 80 年代，我国就开始有组织、有计划、大规模地投入资金开展农村扶贫工作，为此，国家先后制定实施了《国家八七扶贫

---

　　① 以上数据由广西三江侗族自治县扶贫办提供。

攻坚计划》(1994~2000年)、《中国农村扶贫开发纲要(2001~2010年)》、《中国农村扶贫开发纲要(2011~2020年)》等减贫规划。相应地,真正意义上的财政扶贫也从20世纪80年代初就逐步开始。1980年,我国设立了支援经济不发达地区发展资金,当年支出规模5亿元,重点支持老革命根据地、少数民族地区、边远地区、贫困地区的农业、乡镇企业、基础设施和文教卫生事业的发展。此后,财政专项扶贫资金不断增长,到1984年,中央财政就累计安排扶贫资金29.8亿元,年均增长11.76%。1985~1993年,中央财政累计安排扶贫资金201.27亿元,年均增长16.91%。1994~2000年,中央财政累计安排财政扶贫资金约531.81亿元,年均增长9.81%。2001~2010年,中央财政累计安排财政专项扶贫资金约1440.34亿元,年均增长9.3%。"十二五"期间,中央财政累计安排财政专项扶贫资金约1898.22亿元,年均增长14.5%。2015年,中央财政专项扶贫资金规模已达到467.45亿元。①

然而,虽然上述财政扶贫资金本意上是预算安排

① 胡静林:《加大财政扶贫投入力度支持打赢脱贫攻坚战》,人民网,2016年9月12日。

用于支持各省（自治区、直辖市）农村贫困地区、少数民族地区、边境地区、国有贫困农场、国有贫困林场等加快经济社会发展，改善扶贫对象基本生产生活条件，增强其自我发展能力，帮助提高收入水平，促进消除农村贫困现象的专项资金。但由于主客观各种原因，三江县这些年争取到的资金并不充分。未来关键几年，三江县各级政府部门需要更加积极地争取中央、自治区、市各级财政更大的资金支持。不仅如此，三江县还应用好用活政府和社会两方面资源，通过政府和社会资本合作、政府购买服务、贷款贴息、设立产业发展基金、支持涉农保险和担保发展等有效方式，充分发挥财政资金的引导作用和杠杆作用，撬动更多金融资本、社会资本参与脱贫攻坚。

当然，除了要积极争取财政扶贫专项资金的支持，以及大力撬动更多金融资本、社会资本参与外，还应在资金使用、管理与监管上狠下功夫，避免浪费。具体而言，要做到：①扶贫资金使用与建档立卡结果相衔接，资金使用由"大水漫灌"向"精准滴灌"转变，由偏重"输血"向注重"造血"转变，切实发挥财政资金的使用效益，确保"扶真贫""真扶贫""真脱贫"；②全面推行扶贫资金、项目公告公示制，增强资金使用的透明度，保障资金在阳光下运行。在扶贫资金项目审批权限下放的背景下，按照权责匹配原则，强化地方监管责任，三江县政府必须承担起确保资金安全、规范、有效运行的具体责任，贫困村"第一书记"、驻村工作队、村委会要深度参与涉农资金和项目的管理监督。

二　项目扶贫

在实践中，资金扶贫和项目扶贫常常不可分离地一起存在，资金需要可行的项目才会良性发展，可行项目在充足资金支持下，才不会半途而废。

以安马村为例，自 2013 年以来村里最大的发展就源于资金扶贫和项目扶贫的结合。2013 年，中央彩票公益金项目提供资金 136 万元，安马村完成了从边四至岑夜的路面硬化；另外，又追加了 12 万元，在岑夜屯修建了联户路 3.5 公里。2014 年，安马村得到资助 13 万元，完成从边四至岑夜砂石路 1 公里。2015 年，安马村争取到资金 79.04 万元，完成了从安马屯至盘岩屯硬化路 2.47 公里。

根据安马的物质资源和比较优势，未来，安马首先应该持续推进以"两茶一竹，种稻养鱼"为主的特色生态农业转型升级。积极鼓励和带动贫困户种植茶叶，让每户贫困家庭至少有 1 亩以上的茶园。突出把油茶低改当成今后 5 年脱贫的重要抓手，大力引进自治区、柳州市的茶油科技有限公司，加大油茶低改力度；大力实施种稻养鱼工程。

其次，由于安马独特的土壤与生态资源，还可以大力发展吊瓜、钩藤、生姜种植等，以及猪、牛、鸡、鸭养殖等，通过这些投资较小、周期较短、见效较快的项目，及时增加收入。

最后，安马有着得天独厚的自然植被与多样性生态与物产，空气清新，山泉清甜，气候宜人。因此，可以利用其自然风光发展乡村旅游产业，引入旅游项目与社会资金，开办农家旅馆与餐馆，提供旅游服务。

三　技术扶贫

由于长期的闭塞，加之教育落后，安马村民一个显著的特征是除了劳力外，几乎没有特别的技能与专长。我们访谈时，太多村民（尤其青壮年村民）讲到他／她们因为没有技能，外出打工要么只能去建筑工地干苦力，要么只能去一些深山老林中承包砍树搬运的工作，每每谈到这些时，他／她们总会不由自主地流露出既有些悲伤又有些无奈的感叹。

因此，首先，必须立即着手对村民尤其是青壮年村民进行技能培训。这些培训可以首先从茶叶、茶油等副业开始。譬如，由县、乡、村委合作，聘请农业专家指导村民更加科学合理地种植茶树、防治病虫害、改良茶叶品种、提高茶叶品质、增加油茶出产率等。

其次，指导、培训村民熟练掌握互联网使用技能，大力发展"互联网＋"农副业项目。如果村民能够利用互联网开设起网店，那么安马产出的各种土特产就多了一个展示和销售的机会；进一步，如果能把安马的物产、生态与自然风光等拍成精美的图片与视频，放在相应网站加以宣传，那么安马也许未来会引起越来越多注意，得到越来越多的发展机会。

最后，加大对有意愿外出打工村民进行技能培训的力度。譬如，可以以乡为单位，由县里的相关部门在年初把想要外出打工的村民集中起来，对其进行一定的相关技能培训。之后，密切跟进外出打工村民的最新工作进展，了解他/她们遇到的基本技能难题。年终时，再针对打工时遇到的难题开展相应的辅导，同时总结、交流优秀经验，从而提升村民技能，增强其信心。

当然，除了利用各种方法与机会培训村民外，还应高度重视与大力引进相关社会组织特别是 NGO，以更好更快地提升村民的全面素质与能力，促进村落发展。这里，不仅是安马村或洋溪乡，而且对整个三江而言，都有必要借鉴外省外地的相关优秀经验。例如，云南多个地区的贫困村落就因为 NGO 的引入发生了巨大改变。[①] 其中，云南省楚雄州的一个村子就发生了这样的变化："大过口乡蚕豆田村委会 22 个小组 66 名村民代表在蚕豆田村委会召开乐施会云南社区主导型发展与参与式扶贫管理机制创新试点项目第二轮动员会，项目的核心就是将扶贫资源的使用决策交给贫困社区，由社区讨论他们的社区需要和提出项目申请，由社区制定项目评审的准则，并根据这些准则进行公开的项目评审，在获得扶贫资源后，社区需履行社区责任实施项目，其意义在于给予社区对扶贫

---

① 《乐施会中国扶贫经验总结》，乐施会中国网，http://www.oxfam.org.cn/www/experiences/。

资源的分配置决策权，推动贫困社区农户在脱贫发展中既享有权利，亦承担责任。"①

第四节 "走出去"：发展教育、鼓励打工与支持创业

全面脱贫要真正实现并长久巩固下来，除了要把资金、项目、技术与组织"引进来"利用好以外，还必须要做到从封闭的世界"走出去"，大胆开拓、积极进取、不断进步。而根据安马的实际，课题组认为，最重要的"走出去"战略莫过于发展教育、鼓励打工与支持创业三者。

一 发展教育

前文谈到解放思想、转变观念时，就强调安马村民必须改变陈旧的轻视教育的想法。这里，课题组将

① 李文涛：《大过口乡蚕豆田村委会召开乐施会云南社区主导型发展与参与式扶贫管理机制创新试点项目第二轮动员会》，楚雄市扶贫办，http://www.cxs.gov.cn/file_bm_read.aspx?id=91909。

再结合当地实际，具体谈谈如何促进教育的发展。

安马村未成年人的教育现在出现的最大问题在于初中辍学率的居高不下。在安马，由于有一所小学建在村中（另有 2 个教学点，仅 1~2 年级），孩子早、中、晚饭都可就近返回家中解决，加之学杂费与书费的相应减免，所以几乎所有家庭都会让孩子小学毕业。可要继续读初中，就必须到山下的洋溪乡中学就读，因为路途遥远（洋溪乡中学离安马最近的自然村都约有 5 公里），孩子必须住校。这样，虽然初中仍属于义务教育，但住校的住宿费、每日的生活费，对安马一些家庭而言还是较大负担。而且，如果是两个年龄差距不太大的孩子一同读初中，负担更是重上加重。于是，一些家庭的小孩尤其是女孩，念完小学就不继续升学了。

初中辍学率高还有更深层的原因在于，很多成年安马村民对待教育的无所谓甚至是负面态度，使村落中弥漫着读书无用甚至是厌学的情绪。我们接触过的一些孩子告诉我们，本来他 / 她们还是很想上完中学的，但是在经常听到家长的牢骚和抱怨后，心思根本无法完全放在学习上，由此成绩不断下滑，信心逐渐丧失，最后不仅早早就断绝了考上高中继续升学的念头，而且基本熬不过中学三年，大多是上了一两年就辍学回家。其中一些女孩子辍学回家不久就嫁人了。

在这样的氛围中，顺利初中毕业并就读县城高中，甚至考上大学的少之又少。当然，安马村也有大学生，而且毕业工作之后还能反哺生活在村中的父母家人，譬如前文提到的安马屯小组长家就是典型例子。而且，经我们粗略统计，出过已经工作的大（专）学生的家庭，几乎都不是贫困户。可虽然教育能带来这样的变化，但由于周期太长，能看到教育的长远益处从而重视教育的安马村民，还是凤毛麟角。

所以，发展教育要落到实处，首先有必要强制相关村民家庭认真履行好供养孩子完成九年制义务教育的责任。村委会、村小组对辍学孩子的家长应进行劝导与说服，村干部、家长与中学应积极沟通，共同面对与解决问题，尽快使孩子恢复就学。

其次，三江县、洋溪乡等各级政府部门必须加大教育的资金投入力度，有效整合各类农村文化惠民项目和资源，加快改善农村义务教育薄弱学校基本办学条件，适当提高农村义务教育生均公用经费标准。

再次，三江县、洋溪乡与其各级初高中等行政与事业单位部门还必须认真落实相关教育资助政策，并切实考虑诸如安马村等农村的相关实际，对贫困家庭学生进行相应的费用减免与补贴，使相关家庭免除后顾之忧，使适龄学生安安心心就学。

最后，还应大力借鉴相关省市的先进做法，创新教育激励机制。譬如，从 2015 年秋季学期以来，贵州省压缩 6% 的行政经费用于教育精准扶贫，对普通高中至本科阶段的贵州户籍农村贫困户子女给予"两助三免"精准资助。[①] 再如，贵州省铜仁市秉承"小财政办大教育，穷财政办美教育"的理念，在国家和省里实施的资助项目基础上，对建档立卡学生按照学前和小学每年每生 600 元、初中 1000 元、普通高中 3000 元、中职学生 3500 元、普通高校学生 3700 元标准实施资助，以解除贫困家庭的后顾之忧。由此，铜仁市的教育扶贫取得了显著成绩。[②]

二 鼓励打工

在安马，脱贫成效最快也最显著的途径是外出

---

① 《贵州省完善落实多项学生资助政策助推教育脱贫》，新华网，2017年9月1日。

② 杨咏梅、刘华蓉、项蕾：《贵州：教育精准扶贫"拔穷根"》，《中国教育报》2017年8月1日。

打工，甚至是"出去一人，脱贫一户"。[1]前文多次提到的安马屯小组长的亲身经历也可很好地说明这一点。该小组长因为家中父母体弱，20岁后就外出打工，相继辗转广东、海南等地，先是在建筑工地出卖苦力，其后渐渐学会不少建筑手艺。打工存下的钱不仅给家中父母修缮了房屋，还娶了妻、盖了房。成家后，比较重视孩子教育，一个女儿医学院毕业，在柳州市一家医院工作，儿子也职高毕业。40岁后回到村中，现在和儿子一起，专门承包设计建设农村砖房。

然而最近几年，安马却出现了一些反常现象，即村民宁可闲在家里也不外出打工就业，增加工资性收入。追根究底，原来是在近两年的评选贫困户的评分标准中，外出打工是加分项，一旦某户有人在外打工，特别是能寄钱回家，则该户就很难被评上贫困户。相反的，一户中所有人都待在家中，即使农闲时节无所事事没有额外收入来源，但如果能评上贫困户，其拿到的补贴也几乎相当于一两个劳动力在外打工所得。所以，近两年，越来越多青壮年劳动力宁愿闲在家里也不愿外出打工。

针对此，当下有必要从下列几个方面入手，再度

① 这是广西三江侗族自治县扶贫办提供的材料上的说法。

鼓励村民们积极进取、外出打工。

第一，纠正贫困户评选中的偏差，把外出打工列为鼓励优先项，与此相对，对那些有合适外出打工成员却闲在家里的家庭，应提出一定警告，延缓其成为贫困户的资格。

第二，及时在村庄中开展适龄劳动力动态登记。同时，一方面加大用工信息发布，另一方面派专人到外地联系企业，抓好劳务输出。

第三，举办企业现场招聘会，为社会搭建就业平台。相应的，加强农民工技能、创业培训，增强其技能与信心。

第四，依托驻村"第一书记"、"村两委"人员、乡镇干部、帮扶责任人等，抓好外出务工家庭留守人员的关怀照顾，解决他/她们的后顾之忧。

三 支持创业

近年来，我国很多地区从税费优惠、提供创业指导、优化创业环境、支持网上创业等方面，针对农民工返乡创业给予了一系列政策扶持，激发了农民工返乡创业的热情。2017 年的中央政府工作报告也专门提到，要健全农村"双创"促进机制，支持农民工返乡创业。

在此大好形势下，根据三江县以及安马村实际，课题组认为，可以从下述几个方面着手促进村民创业。

其一，抓好农民工创业担保贷款放贷工作。在课题组调查过程中，不少村民尤其是青年村民对创业表示出浓厚兴趣，并且有一些人实际上已经做起了收购茶叶等生意。但他（她）们同时也都反映，现在最主要的问题，就是缺乏资金，以致生意总是断断续续，而由于他（她）们的农民身份与缺乏稳定的工资性收入，加之很难找到银行认可的担保人，故很少有人近年从银行真正贷到过创业资金。所以，有必要及时制定相应的小额信贷扶贫实施方案，并与相关金融机构签订合作协议，在对贫困户实施评级授信、风险评估等措施后，积极支持并实实在在地让贫困户真正贷到想要的款项。

其二，因为很多贫困家庭致贫的很大一部分因素在于主要劳动力的伤残，故针对这种情况，还应大力开展扶贫助残活动及阳光助残扶贫基地建设等工作，并通过党支部、党员致富能手的"帮、包、带、扶"

的方式对劳动能力较强、有劳动致富愿望的贫困残疾人进行有针对性的帮扶，使他们掌握实用技术，发展产业，实现脱贫致富。

第五节　谋决胜：理顺关系、创新机制与通力合作

根据课题组在安马村的实地调查访谈，三江县当前的扶贫工作仍然存在这样的一些突出问题。

一　精准扶贫政策施行中的非连续性与不稳定性

精准扶贫基本的要求是，扶贫干部对扶贫政策、项目等清楚明白地了解，并能在政策指导下，根据村庄实际情况进行较长期的操作。然而，我们在与驻安马村扶贫干部座谈中得知，在实际工作中，经常出现工作人员刚刚进行了相关扶贫政策的学习培训，正在返回扶贫点的路上就收到暂停执行刚学习完的扶贫政策的信息。因为，上级通知，政策有新

的变化了，此外，还出现过，一些扶贫政策已经进行了广泛宣传，干部与村民也都做了初步的准备工作，最后却通知情况有变，因而不能兑现的情况。比如，2013~2015 年，三江县有三个乡施行了既面向贫困户又面向非贫困户的养殖项目补贴，效果良好。因此，安马村也在 2015 年底动员一批农户（既有贫困户又有非贫困户）申报了该项目，并承诺到 2016 年补贴肯定到位，但截至 2017 年 8 月，村里的非贫困户都没有领到补贴。这样一来，扶贫工作人员的信誉等遭到很大的损失，干群关系也处于较紧张状态，并已经开始对扶贫工作产生较大的负面影响。

二 权责利不清导致扶贫工作表面化

在三江，精准扶贫工作是由县、乡与村委会三级干部群体共同参与推进的。具体到洋溪乡安马村委会，既有县里干部挂名定点到户的帮扶形式，又有专职的驻村扶贫工作队员，还有村委会委员分别负责几家农户等形式。表面上，一家贫困户有了多级政府工作人员的关心与帮助。但实际上，县里挂名的帮扶干部由于事务繁忙，加之从县城到村里有40多公里路程，几乎一年到不了农户家里几次。而安马村虽有多名专职的驻村扶贫工作队员，但据座谈干部之一的安马村"第一书记"讲，虽然名义上她也是精准扶贫的专职干部，可现实是光村委会的党建工作她就忙不过来，所以扶贫工作只能将就应付。最后，村委会委员一则要负责村中各种大小事务，二则他们待遇仍然偏低，三则并没有上级明确指定他们的扶贫职责，所以他们表示对扶贫工作该怎么做现在仍比较迷茫。

三 扶贫考核粗暴化与表面化

调研中，课题组成员不断听到扶贫工作人员对扶贫考核及处罚的牢骚与意见。其一，对各项表格、资料手册等审核的形式要求标准很高，例如，不能有一个错别字，有人只是把"党"字写得潦草了些，看着像"赏"字，就被通报批评了，绩效也没有了。其二，在填写的过程中，涂改不能超过两处，超过要重新填写，否则的话就被罚；没有按时完成填写的，同样要通报批评，不管是否有客观条件的限制与影响；现在又推出了资料手册等的收费要求，价格每本 20~30 元，全套是 40 元，要重新填写，就要自己掏钱买。其三，连带问责，不管是谁工作出差错，相关人员都会受到连累，上级、同事都要受罚，所有受罚者相关绩效一律扣除。在座谈中，很多工作人员表示：真有失误被罚也就认了，但被别人牵连，还是被一些如错字、涂改等他们看来的小事牵连，不仅被通报批评，还要有绩效损失，真的让人很憋屈，以致工作热情一点也提不起来。

四　村落中出现了"福利病"

近年来，各级政府对安马的扶贫政策与措施在对其经济、社会发展产生积极作用的同时，也带来了事先未预料到的"福利病"。譬如，贫困户被作为一种稀有资源加以争夺，从而带来了一系列社会问题。各级政府在安马的扶贫确实给村民们带来了一系列直接的经济利益，但安马村每年的贫困户数量毕竟是有限的。于是，贫困户的评定既给当地各级干部不断制造难题，也正在撕裂原本平静的村庄。一些评上贫困户的家庭认为自己家应该被评为低保户，一些没评上贫困户的家庭诉说着自己家的困难并指责评选不公。可以预见，伴随未来安马村扶贫的深入，这样的"福利病"也将会越来越多，并给当地的经济社会发展带来越来越大的掣肘。

有鉴于此，课题组认为，未来要决胜全面建成小康，必须理顺存在于干部、村民与村落间的各种关系，创新相关工作机制，通力合作彻底解决现有问题。为此，特提出以下建议。

（一）长远性反思性政策设计

精准扶贫的根本意图在于，它要针对真正的贫困家庭和人口，通过对贫困人口有针对性的帮扶，从根本上消除导致贫困的各种因素和障碍，达到可持续脱贫的目标。而要从根本上消除导致贫困的各种因素和障碍，就需要在设计和制定政策时既高瞻远瞩，提前预见到可能产生的诸多后果，长远性地在顶层设计时即加以预防；又及时反思已经出现的问题，做出有针对性的政策补救措施。

具体操作而言，以三江安马扶贫为例，上级政府可以考虑在提出相应扶贫措施时尽量先试点，取得一定经验并做适当调整后再推广。如安马村的小额信贷的政策 2016 年已开始宣传，但相信的人不多，办理的人也不多；2017 年看到分红榜，真有收益，申请办理的贫困户就开始增多。

（二）形成弹性工作机制

精准扶贫的核心在于通过贫困户的精准识别和精准帮扶，扶贫对象的动态管理和扶贫效果的精准考核等操作实现贫困户脱贫的目标，其灵魂就在于"精准"。根据事物发展规律，扶贫工作不是一成不变而是不断变化发展的，要达到"精准"的目标不仅需要实事求是，而且需要形成弹性的工作机制以灵活应对不断发生变化的新情况。譬如，在我们调研的安马村，由于大多村民属于苗、侗、瑶等少数民族，经常出现村民对扶贫相关的政策术语听不大懂，需要不断解释才能沟通的情况。例如，考核检查人员打电话问"扶贫专员到你家去了吗？"他们会说"没有"。但你问"外来的女人到过你家，宣传解释了扶贫政策吗？"他们会说："有的，常来"（因为驻安马村的"第一书记"是位女同志）。因此，深入扶贫一线，了解各地的实际情况，包括村民的语言、风俗等，是形成扶贫弹性工作机制的重要一环。

（三）建立效果导向型评估体系

我们认为，建立一套效果导向型的评估体系，最重要的是分别从扶贫工作人员与村民两个群体出发，前者按其工作效果，后者按其脱贫效果，给予相应的奖励与惩戒。针对扶贫工作人员，有必要大量精简报表填写等工作，以半年或一年为期，由第三方部门在实地调查后给予公正评估。对于村民，首先，贫困户的识别评定不仅要考虑其客观收入状况，而且要考察其主观脱贫愿望等因素，对于有积极争取脱贫愿望的贫困户优先评定；其次，对贫困户同样请第三方部门每半年或一年评估一次，再按其实际脱贫成效，给予加大扶贫力度的奖励或减小扶贫力度的惩戒；最后，可以鼓励非贫困户与贫困户良性竞争，并给予同样的公平待遇。譬如，支持相关企业创造就业机会，鼓励村民积极应聘，考核时，无论应聘的是不是贫困户的成员，只要受雇成员年经济收入有显著增长，就给予企业相应奖励等。

总而言之，未来关键三年，必须不断总结经验教训和成败得失，及时理顺各方关系，创新工作机制，通力合作，心往一处想，劲往一处使。"锐意进取，埋头苦干，……为决胜全面建成小康社会、夺取新时代中国特色社会主义伟大胜利、实现中华民族伟大复兴的中国梦、实现人民对美好生活的向往继续奋斗！"①

---

① 《中共十九大开幕，习近平代表十八届中央委员会作报告（直播全文）》，中国网，2017 年 10 月 18 日。

附　录

安马村村民政治信任情况调查与分析

2017 年 8 月，课题组赴安马村的实地调研，目的有两个，一是完成 2017 年度该村调研数据的搜集工作，二是为实地考察该村的村委会改选而来。与 2017 年初第一次实地调研相比，课题组有了更充足的准备，观察及调研得更深入，以下是此次调研的成果之一，此报告由赵凡博士执笔。

一　安马村村民政治信任情况调查与分析

（一）安马村村委会换届选举办法

根据选举办法，第八届村民委员会由 1 名主任、2 名副主任、2 名委员组成，由本村选民直接投票选举产生。选举大体可分为三个步骤，分别是选出初步候选人，确定正式候选人，正式选举。初步候选人必须符合以下条件：①坚持党的领导，坚定维护习近平总书记的核心地位和党中央权威，牢固树立政治意识、大局意识、核心意识、看齐意识，坚决执行党在农村的各项方针政策；②具有一定的文化科技知识，思路宽，办法多，带头致富和带领群众致富能力强；③遵纪守法，廉洁奉公，作风民主，办事公道；密切联系群众，善于做群众工作，热心为群众服务，在群众中有较高威信。

此外，有下列情况之一的人员不宜推选为村民委员会成员候选人：①政治上有问题的；②严重损害国家和人民利益的；③与敌对势力相勾结或接受国（境）外组织、个人参选资助或培训的；④品行不端、道德败坏的；⑤有拉票贿选或其他不正当竞争行为的；⑥有行贿受贿、权钱交易行为的；⑦涉嫌违纪违法正在接受调查处理或被立案侦查的；⑧因刑事犯罪被判过刑的；⑨有"村霸"行为，搞宗派性，参与黑恶势力的；⑩因违法违纪被给予组织处理、纪律处分且影响期未满的；⑪违反计划生育政策未经处理、处理未完结或处理完结未满3年的；⑫拖欠集体资金，侵占集体资产、资源的；⑬没有履职能力、履职意愿不强的；⑭长期外出不能回村工作的；⑮与村两委班子成员有夫妻关系、直系血亲关系、三代以内旁系血亲关系以及近姻亲关系的。

1. 初步候选人的产生

村民委员会成员初步候选人由登记参加选举的选

民直接提名产生。选民根据候选人资格条件等名额提名主任、副主任和委员的候选人。选民向村民委员会领取提名表，以书面形式提名。办法要求每张提名表上所提名人数等于或少于应选职数，且不得提名同一人担任两项及以上职务。村民委员会统计提名表，审查被提名人资格，合格即为初步候选人，最后在选举日前7天向全体村民公示。初步候选人如不愿意参加竞选，要以书面形式向村民选举委员会声明不参加竞选，并视为弃权不能确定为正式候选人。

2. 正式候选人的产生

正式候选人由第八届村民代表会议在初步候选人中选出。初步候选人名单公布以后，如果初步候选人人数超过规定的差额数，由第八届村民代表会议按照等额投票、差额选举、多数确定的原则，采取无记名投票方式从初步候选人中预选产生正式候选人。正式候选人比应选名额多1人，也就是说，村民委员会主任、副主任和委员正式候选人名额均比应选名额多1人，分别为2名、3名和3名。采用分别投票的办法，预选产生村主任正式候选人2名，副主任正式候选人3名，委员正式候选人3名。村民代表填写选票，按照主任、副主任、委员的职数，分别从初步候选人中选 1 名、2 名、2 名。如果初步候选人人数符合规定差额，由村民选举委员会表决确定为正式候选人。

正式候选人产生后，要先报乡党委依法依规进行政治关、作风关和廉洁关的审查把关；村民委员会正式候选人产生后，还要报县委组织部、民政局会同县直有关部门依法依规进行政治关、作风关和廉洁关的审查把关。审查不通过的，由第八届村民代表会议依法依规取消其正式候选人资格，并对空缺的候选人名额进行重新投票确定，确定正式候选人名单在选举日前 3 天，以得票多少为序向村民公布。在村民委员会成员正式候选人中，应当至少有一名妇女，人员分布应当照顾村自然屯分布。

正式候选人名单公布后，由村民选举委员会按照公开、公平、公正的原则向村民介绍正式候选人的情况，组织候选人介绍履职设想，做出履职承诺，并回答村民的询问。

3. 正式选举

①正式候选人及其配偶和直系亲属不得担任发票、登记、监票、唱票或者计票等工作。②选举实行直接、差额和无记名投票方式，投票选举一次性完成，即主任、副主任、委员在一张选票中，一次性发

票、投票，分别计票。妇女委员实行专职专选的，另增加一张选票。③选举时，选民可以投赞成票、反对票或者弃权，也可以另选其他选民。④选举时，登记参加选举的村民要达到本村全体选民的一半以上，有登记参加选举的村民过半数投票，选举有效。选票上所选的每项职务人数多于应选人数的无效，等于或者少于应选人数的有效。选票上书写模糊无法辨认的部分无效，可以辨认的部分有效。⑤候选人获得参加投票的选民的过半数选票，始得当选。获得半数以上选票候选人人数多于应选名额时，应当就票数相同的候选人再次投票，以得票多者当选。当选人数不足应选名额的，不足的名额应在 10 日内另行选举。另行选举的，第一次投票未当选的人员得票多的为候选人，候选人以得票多的当选，但是所得票数不得少于已投票总数的三分之一。当选人数不足 3 人，不能组成新一届村民委员会的，应当在 10 日之内召开村民会议就不足的名额另行选举。⑥村民选举委员会在选举中心会场设立私密写票处和代写处。代写人员由选举工作人员担任，代写不得违背选民的意愿。登记参加选举的村民选举期间外出不能参加投票的，可以书面委托本村有选举权的近亲属代为投票，受委托人应出示委托人的选民证及委托书才能代为投票，每一位选民接受其他选民的委托投票不得超过 3 人，村民选举委员会应当于选举日前 3 天公布委托人和受委托人的名单。⑦每个自然屯设立一个投票站，每个投票站必须有监票员 2 名、发票员 1 名和登记员 1 名，投票站使用范围及其监票员、发票员、登记员名单要在选举日前 5 天由村民选举委员会张榜公布，接受群众的监督。⑧选举设总监票员 1 名、监票员 12 名、唱票员 6 名、总计票员 1 名、计票员 6 名、发票员 6 名、登记员 6 名。总监票员、监票员、总计票员、计票员、发票员、登记员、唱票员由村民代表会议在选民中推选产生。

4. 公布结果

村民选举委员会确定选举有效后，当场公布选举结果，并于选举后 3 日内报乡村民委员会选举工作指导委员会备案。

以暴力、威胁、欺骗、贿赂、伪造选票、虚报选票数等不正当手段，妨害选民行驶选举权和被选举权的，村民有权举报，有关机关应当负责调查并依法处理，以暴力、威胁、欺骗、贿赂、伪造选票、虚报选票数等不正当手段当选的，其当选无效。如果是另选人当选的，必须按规定的资格条件和审查程序进行资格审查，资格审查通过的，当选有效；资格审查不通过的，经村民代表会议表决依法取消其当选资格。

（二）三个委员会的产生办法和职责

选举办法中提到村委会选举涉及的 3 个组织机构，分别是选举工作指导委员会、村民选举委员会、村民代表会。

选举工作指导委员会由乡党委和政府选派人员组成，一般由一名副县长带队，指导帮助乡镇下属各村进行村委会选举。根据《广西壮族自治区村民委员会选举办法》，村民委员会换届选举期间，市、县、乡、民族乡、镇人民政府或者街道办事处分别设立村民委员会选举工作指导委员会，指导村民委员会的选举工作。选举工作指导委员会的主要职责是：①宣传有关法律、法规；②制定选举工作计划和方案；③指导和监督选举工作；④培训选举工作人员；⑤受理有关村民委员会选举的申诉、检举或者控告；⑥指导、协助村民委员会完成工作移交；⑦建立选举工作档案；⑧总结和组织交流选举工作经验；⑨办理选举工作中的其他事务。

村民选举委员会是由上一届村民代表会议推选产生，是具体负责村委会选举的机构。村民委员会的选举由村民选举委员会主持。村民选举委员会由主任、副主任和委员共七人或者九人组成。村民选举委员会成员应当遵纪守法，公道正派，有一定的组织协调能力，能胜任选举委员会的工作。村民选举委员会成员由村民委员会召集村民会议、村民代表会议或者各村民小组推选产生，按照得票多少的顺序确定当选，并在三日内报乡、民族乡、镇、街道村民委员会选举工作指导委员会备案。村民选举委员会履行下列职责：①开展宣传动员工作，告知村民选举事项，解答有关选举的询问；②制定选举工作实施方案，经村民会议或者村民代表会议讨论通过后予以公告；③对参加选举的村民进行登记，审查其资格，公布登记参加选举的村民名单；④组织村民提名候选人，审查候选人资格，公布候选人名单，组织候选人与村民见面；⑤受理并审查委托投票申请，公布委托人和受委托人名单；⑥公布选举方式、选举日和日程安排，报乡、民族乡、镇、街道村民委员会选举工作指导委员会备案；⑦推荐计票人、唱票人、监票人、发票人、登记人，并主持村民代表会议表决；⑧组织投票选举，公布选举结果，并报乡、民族乡、镇、街道村民委员会选举工作指导委员会备案；⑨受理和调查村民有关选举的检举和申诉；⑩建立选举工作档案，总结和上报选举工作情况，主持村民委员会的工作移交；⑪组织推选村务监督委员会成员；⑫处理选举工作中的其他事项。村民选举委员会履行职责，自推选产生之日起至村民委员会、村务监督委员会完成工作移交时止。

村民代表会是由上一届村民代表会制定推选办法，一般是由各村民小组推选产生，是村委会选举的权力机构。村民代表由村民选举委员会召集村民小组会议投票推选产生，村民代表的推选按照直接、差额和无记名投票的方式进行。全组选民三分之二以上参选有效，获得参加推选过半数赞成票，始得当选为村民代表。村民代表应具有代表性，妇女村民代表应当占村民代表会议组成人员的三分之一以上，共青团员应当有适当的名额。村民代表应具备以下基本条件：①本村村民；②坚持党的领导，坚定维护习近平总书记的核心地位和党中央权威，牢固树立政治意识、大局意识、核心意识、看齐意识、坚决执行党在农村的各项方针政策；③遵纪守法、办事公道、作风正派；④有一定参政、议政能力；⑤密切联系群众、热心为群众服务，关心集体，在群众中有较高威信；⑥具有正常履行职责的身体条件。

除了观摩安马村村委会换届选举外，课题组还对安马村村民的政治信任情况进了问卷调查。政治信任是政治合法性的一个重要概念，体现了政府和村民关系，也就是村民对村支部、村委会的信任程度，是一种主观评价。村民政治信任程度越高，该地区的政治稳定性越高，政策执行会越畅通；反之，政治信任程度低会导致政策执行遇到阻力和各种群体事件的发生。

政治信任作为一种情感取向和主观评价，根据目前学者的研究，一般人认为有两种形成原因或者说生成理论。一是制度生成论，二是文化决定论。前者认为政治信任来源于有效的制度或者说治理的绩效，政府提供好的政策并且是廉洁高效的，群众的政治信任才会在一个较高的水平上；后者认为政治信任受到一种长期的价值体系比如文化的影响，有些文化有利于政治信任的形成，有些则不然。两种理论的研究重心不同，所以对政治信任的测量可以从制度绩效和文化角度入手。

本次调研方法是通过调查问卷了解安马村村民对

制度绩效的满意程度和政治文化程度，利用社会科学统计分析软件（SPSS）分析制度绩效满意度和政治文化水平对政治信任的影响程度。

二　问卷设计

（一）数据来源

课题组在广西壮族自治区柳州市三江侗族自治县洋溪乡安马村共发放问卷 100 份，收回 54 份，其中有效问卷 45 份。

（二）变量定义

1. 因变量

政治信任（Political trust）。在本研究中，测量政治信任的指标与已有研究基本类似，我们将通过测量被访者对村委会、村支部以及村小组的信任程度来衡量少数民族地区村民对村委的政治信任程度。我们在问卷中设置了如下几个问题："您对村委会的信任程度如何？""您对村支部的信任程度如何？""您对村小组的信任程度如何？"。每一题均有六个选项，

1~4代表信任程度逐渐递增，1是完全不信任，2是不太信任，3是比较信任，4是非常信任。而8与9分别代表着不知道与不想说，在后期数据处理中，我们将这两个变量的数据作为缺失值处理。我们将政治信任的三个衡量指标的数值取平均值，作为村民对村委会政治信任的综合衡量指标，该指标数值越高，代表政治信任程度越高。

2. 自变量

（1）制度绩效满意度（Institutional performance）

制度绩效满意度是影响政治信任的重要因素，本书将其作为第一个自变量。我们通过四个问题来测量村民对制度绩效的满意程度，分别是"总体来讲，您对本村发展建设现状满意吗？""总体来讲，您对村委会的选举程序满意吗？""总体来讲，您对国家关于农民、农村的政策满意吗？""总体来讲，您对本村的治安情况满意吗？"。每一题均有7个选项，1~5代表着满意程度逐渐递增，1是很不满意，2是不太满意，3是一般，4是比较满意，5是非常满意，8与9的含义如上文所述，我们依旧将其作为缺失值处理。我们使用这四个指标的平均值作为制度绩效满意度的综合评价指标，数值越高，代表居民对于制度绩效的满意程度越高。

（2）政治文化水平（Political culture）

根据前人的研究可以发现，居民的政治信任程度不仅受到制度绩效的影响，还会受到政治文化水平的影响，所以本书将其作为第二个自变量加入模型当中。我们将通过以下九个问题识别政治文化水平的类型。即"政府的领导就像大家庭的家长，任何人都应该服从他们的决定""只要领导人的品德高尚，任何事情都可以交给他们去做""如果人们的想法不一致，社会就会发生混乱""什么样的思想可以在社会上流传，应该由政府决定""如果一个领导人坚信自己的想法是正确的，即使多数人反对也要坚持，绝不妥协""只要获得多数人支持，政府就应该贯彻多数人的主张，不必顾忌少数人的看法""对于残暴的犯罪，比如杀人，可以立即处罚，不用等待复杂的审判程序。法院在审判重大案件时，应当考虑党委和政府的意见""尽管我国政治制度不完善，但仍然很适合我国国情"。每一个问题均有 5 个选项，1~4 代表满意程度的递减，1 是非常同意，2 是同意，3 是不同意，4 是很不同意；9 依旧代表不知道，我们在数据处理中依旧将其作为缺失值。我们使用这九项指标的平均分作为政治文化水平的代理变量，其分值越高代表越倾向于自由民主型政治文化，分值越低说明越倾向于威权型政治文化。

3. 控制变量

除了自变量外，我们还需要增加一些其他可能会对政治信任水平造成影响的因素作为控制变量。本书将性别、年龄、民族和政治面貌等社会人口特征作为控制变量加入模型当中。其中性别、民族和政治面貌均为虚拟变量，性别的具体赋值为：男 =1，女 =0；因为本书研究的对象均为少数民族，且集中在苗族、侗族、壮族和瑶族等少数民族，所以我们对民族变量设置三个虚拟变量，分别考察不同民族的居民的政治信任程度是否存在显著差别，具体赋值见表 1；政治面貌的具体赋值为：党员 =1，非党员 =0。

（三）方法

本书主要使用 SPSS21.0 对数据进行处理和分析，首先将问卷结果输入软件中，然后对安马村村民的政治信任程度、制度绩效满意度以及政治文化水平进行描述性分析，最后通过建立实证模型分析制度绩效满意程度和政治文化水平对居民政治信任水平的影响程度。

附表 1　具体变量赋值

变量	变量	赋值
因变量	政治信任水平（Political trust）	三个指标的平均值
自变量	制度绩效满意度（Institutional performance）	四个指标的平均值
	政治文化水平（Political culture）	九个指标的平均值
控制变量	性别（Sex）	D1: 男 =1，女 =0
	年龄（Age）	实际值
	民族（*Nation*）	D2: 苗族 =1，其他 =0
		D3: 侗族 =1，其他 =0
		D4: 壮族 =1，其他 =0
	政治面貌（Politics Status）	D5: 党员 =1，其他 =0

三　数据分析

（一）描述统计

1. 政治信任水平

通过附表 2 的描述性统计，我们可以发现村民对村委会、村支部和村小组的信任程度是比较高的，政治信任水平均值为 2.97，比较信任和非常信任的比重都在 80% 左右，政治信任整体处于一个较高水平。具体来看，居民对于村委会的信任程度最高，均值为 3。其非常信任程度最高，为 26.83%，完全不信任程度最低，仅为 4.88%；其次是村支部，均值为 2.97。最低的为村小组，均值为 2.94。其非常信任水平相对于前两者有了明显的下降，为 19.44%。总的来看，村民对三个政治组织的信任程度较高，信任比例都在 80% 左右，而且差距并不明显。但从均值来看，村民对村委会、村支部和村小组的信任程度逐渐降低，说明随着政治机构规模的减小，村民的政治信任程度也呈递减的趋势。

附表 2　政治信任程度的描述性统计

项目	均值	完全不信任	不太信任	比较信任	非常信任
对村委会的信任程度	3	4.88%	14.63%	53.66%	26.83%
对村支部的信任程度	2.97	5.88%	14.71%	55.88%	23.53%
对村小组的信任程度	2.94	5.56%	13.89%	61.11%	19.44%
政治信任水平	2.97	—	—	—	—

2. 制度绩效满意度

通过附表 3 对制度绩效的描述性统计，可以发现，村民对制度绩效的满意度还是处于中等偏上水平的，均值为 3.68，处于一般与比较满意之间。从均值来看，村民对于本村建设发展和村委会的选举程序的满意程度较低，均值为 3.52 和 3.54；而对于国家关于农村、农民的政策和村治安情况的满意程度较高，均值均为 3.78。这说明村民对国家政策和制度的满意程度要高于对村组织制度绩效的满意程度，也进一步印证了随着政治机构规模的减小，村民的政治信任程度也呈递减的趋势。但从对村委会选举程序的满意度来看，满意的村民占到 52.26%，不满意的村民占到 13.64%，说明超过半数的村民是认可选举程序的。这也表明要想进一步提高居民对于制度绩效的满意程度，可以进一步加大村委会选举的公平和透明程度，鼓励村民能够高度参与其中，发挥和调动村民的主动性和积极性。

附表 3　制度绩效满意度的描述性分析

项目	非常满意	比较满意	
对本村发展建设的满意度	18.18%	34.09%	
对村委会选举程序的满意度	15.9%	36.36%	
对国家关于农村、农民的政策满意度	25%	40.91%	
对本村治安情况的满意度	29.55%	31.82%	
项目	一般	不太满意	很不满意
对本村发展建设的满意度	25%	15.9%	2.27%
对村委会选举程序的满意度	22.72%	6.82%	6.82%
对国家关于农村、农民的政策满意度	18.18%	6.82%	4.55%
对本村治安情况的满意度	20.45%	4.55%	6.82%
项目	均值	标准差	中位数
对本村发展建设的满意度	3.52	1.06	4
对村委会选举程序的满意度	3.54	1.12	4
对国家关于农村、农民的政策满意度	3.78	1.07	4
对本村治安情况的满意度	3.78	1.17	4
对制度绩效的满意度	3.68	0.90	4

3. 政治文化水平

附图 1 显示了政治文化各分项指标以及总体衡量指标的均值分布，我们可以看出，总体的均值为2.25，九个问题的平均值为 2.27。九个问题中超过平均值 2.5 的只有第七个问题，为 2.74，其余八个问题皆在 2~2.5。这说明村民倾向于威权型政治文化，但这种偏好并不十分明显。具体来看，村民对于"政府的领导就像大家庭的家长，任何人都应该服从他们的决定""什么样的思想可以在社会上流传，应该由政府决定""法院在审判重大案件时，应当考虑党委和政府的意见""尽管我国政治制度不完善，但仍然很适合我国国情"四个问题比较同意，说明村民对政府的信任程度和依赖程度比较高。只有一个问题均值超过 2.5，即"对于残暴的犯罪，比如杀人，可以立即处罚，不用等待复杂的审判程序"，村民表示了明显的不同意倾向，表明了村民对司法程序的认可。

（二）回归分析

通过前文的分析，我们知道制度绩效的满意度以及政治文化水平是影响村民政治信任的两大重要因

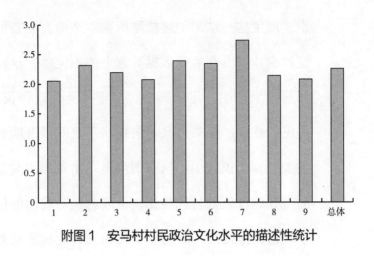

附图1 安马村村民政治文化水平的描述性统计

素，除此之外，一些社会人口特征也会对政治信任产生影响，因此在结合相关文献的基础上，我们提出了以下实证模型：

Political trust=α_0+α_1（Institutional performance）+α_2（Political culture）+$\alpha_3 D_1$+$\alpha_4 D_2$+$\alpha_5 D_3$+$\alpha_6 D_4$+$\alpha_7 D_5$+α_7Age+ ε （模型1）

其中 α_0 代表常数项，ε 代表残差项，其余变量的定义如附表1所示，本书使用 SPSS21.0 对模型1进行了回归分析，结果显示制度绩效满意度与政治信任程度之间存在正相关关系，当村民对于制度绩效的满意程度增加时，其对于政治信任的程度也会相应地增加；但是政治文化水平与政治信任之间并没有呈现明显的相关关系，这与学者们的研究结果存在些许差别，产生这一结果的可能原因是本文研究涵盖的样本量过少，以及在后续数据处理上的不完善，这都会对回归结果产生一定的影响。至于社会人口特征方面，村民的性别、年龄与政治信任水平之间没有明显的相关关系，而民族中，只有侗族显示出负相关关系，说明与其他民族的村民相比，侗族村民对政治的信任水平较低；除此之外，与非党员相比，党员的政治信任水平更高。

附表4　回归分析结果

指标	系数	T 值
常数项	1.18	1.77*
制度绩效满意度	0.73	6.03***
政治文化水平	0.07	0.26
人口特征		
性别	0.07	0.37
年龄	−0.01	−1.49
苗族	−0.74	−1.07
侗族	−0.49	−1.90*
壮族	−0.89	1.16
政治面貌	0.34	2.02*

注：*、**、*** 分别代表在 10%、5%、15% 的显著性水平下显著。

三　结论与建议

上述结论都是建立在问卷调查基础之上的，但是问卷样本的数量过少的问题，在少数民族地区调研过程中的语言沟通问题，统计数据的处理问题都会对最终结论产生影响。在忽略这些影响的情况下，通过实证分析可以看出，安马村村民政治信任情况整体处于一个较高水平，村民对村委会、村支部和村小组整体上是比较信任的，但是也呈现出信任程度逐渐降低的趋势，虽然差距并不十分明显。从制度绩效方面来看，村民对于国家关于农村、农民的政策和村治安情况以及本村建设发展和村委会的选举程序的满意程度整体上是满意的，但是对前者的满意程度高于后者。而且制度绩效对政治信任也产生了明显的影响，即当村民对于制度绩效的满意程度增加时，其对于政治信任的程度也会相应地增加。从政治文化水平方面来看，村民倾向于威权型政治文化，对政府的依赖程度较高，但这种偏好也并不十分明显。而且政治文化对于制度绩效的影响也不十分明显。从社会人口特征方面看，侗族村民对政治的信任水平较低，党员比非党员的政治信任水平更高。

因此，安马村要继续维持一个较高的政治信任水平，需要继续发挥制度绩效的作用，积极落实国家对于农村的各项方针政策，推荐有利于本村建设和村民切身利益的公共政策，完善政治制度建设，保障村民的政治权利，提高村民的政治参与度，优化村级组织的选举程序，让更多的村民参与到安马村的发展进程中，为乡村建设贡献自己的力量。

参考文献

《毛泽东选集》(第2卷),人民出版社,1991。

费孝通:《乡土中国 生育制度 乡土重建》,商务印书馆,2015。

向德平:《中国反贫困发展报告(2016)》,华中科技大学出版社,2016。

孙学玉:《当代中国民生问题研究》,人民出版社,2010。

姚毅:《中国城乡贫困动态演化的理论与实证研究:基于经济增长、人力资本和社会资本的视角》,西南财经大学出版社,2016。

胡鞍钢:《中国现代化之路(1949—2014)》,《新疆师范大学学报》(哲学社会科学版)2015年第2期。

国务院新闻办公室:《中国的减贫行动与人权进步》,人民出版社,2016。

中共中央文献研究室:《十六大以来重要文献选编

（上）》，中央文献出版社，2005。

〔美〕罗伯特·默顿：《社会理论和社会结构》，唐少杰、齐心译，凤凰出版传媒集团，2008。

葛志军、邢成举：《精准扶贫：内涵、实践困境及其原因阐释——基于宁夏银川两个村庄的调查》，《贵州社会科学》2015年第5期。

唐丽霞、罗江月、李小云：《精准扶贫机制实施的政策和实践困境》，《贵州社会科学》2015年第5期。

何星亮：《文化功能及其变迁》，《中南民族大学学报》（人文社会科学版）2013年第5期。

莫光辉：《绿色减贫：脱贫攻坚战的生态扶贫价值取向与现实路径》，《现代经济探讨》2016年第11期。

《中共十九大开幕，习近平代表十八届中央委员会作报告（直播全文）》，中国网，2017年10月18日。

中共中央办公厅：《关于创新机制扎实推进农村扶贫开发工作的意见》，新华网，2014年1月25日。

后 记

通过两次进村入户调研，了解了我国少数民族偏远地区农村的一些现状，深感我国精准扶贫精准脱贫艰辛但曙光在前。在如此偏远的安马村，有平整的公路，有自来水入户，虽然与富裕的生活还是有些差距，但人们的精神面貌非常不错，可以感受到他们对美好生活的向往与憧憬。虽然我们接触时间不长，但通过入户访谈、协助村委会选举等，对他们的生活有了感性和理性的认知。由于调研任务比较繁重，加之本课题组成员皆为兼职此项工作，因此本报告肯定存在若干不足之处，但仍希望通过本报告的书写，能够对安马村的脱贫及驻村扶贫工作队的同志们有所帮助。

在此感谢村民们的配合，特别是村支书欧善良等村干部的支持与帮助；也感谢三江县科协姚主任、龙主任（县科协前主任）、扶贫办杨主任、洋溪乡龙副乡长及驻村扶贫队的同志们，为课题组提供了必要的信息及交通服务等；同时，也要感谢课题组的各位同事。没有以上各位的支持不可能完成此次调研任务。愿我们的共同努力，能够为精准扶贫工作添砖加瓦。

赵　燕

中国社会科学院大学

2020 年 6 月

图书在版编目（CIP）数据

精准扶贫精准脱贫百村调研. 安马村卷：传统山村
脱贫及其基层治理 / 赵燕等著. -- 北京：社会科学文
献出版社, 2020.10
　ISBN 978-7-5201-7525-8

Ⅰ.①精…　Ⅱ.①赵…　Ⅲ.①农村－扶贫－调查报告
－三江侗族自治县　Ⅳ.①F323.8

中国版本图书馆CIP数据核字（2020）第209272号

·精准扶贫精准脱贫百村调研丛书·

精准扶贫精准脱贫百村调研·安马村卷
——传统山村脱贫及其基层治理

著　　者 / 赵　燕　周兴君　赵　凡　等

出 版 人 / 谢寿光
组稿编辑 / 邓泳红
责任编辑 / 宋　静

出　　版 / 社会科学文献出版社·皮书出版分社（010）59367127
　　　　　地址：北京市北三环中路甲29号院华龙大厦　邮编：100029
　　　　　网址：www.ssap.com.cn
发　　行 / 市场营销中心（010）59367081　59367083
印　　装 / 三河市尚艺印装有限公司

规　　格 / 开　本：787mm×1092mm　1/16
　　　　　印　张：13.25　字　数：101千字
版　　次 / 2020年10月第1版　2020年10月第1次印刷
书　　号 / ISBN 978-7-5201-7525-8
定　　价 / 59.00元

本书如有印装质量问题，请与读者服务中心（010-59367028）联系